Christian Sauer

Draußen gehen

Inspiration und Gelassenheit *im Dialog mit der Natur*

verlag hermann schmidt

»Draußen gehen ist eine wunderbare, lange erprobte, einfache Form, zu sich selbst zu finden.«

Wenn nichts mehr geht, gehe ich raus. Ich gehe in den Wald, der wenige Meter vor unserer Haustür beginnt. Gehe auf sandigem Boden unter windschiefen Kiefern. Und spüre, wie das angestrengte Denken abfällt. Wie ich eins werde mit meinem Körper. Ihn wieder spüre. Mich wieder spüre. Während ich nichts tue, außer regelmäßig zu atmen und gleichmäßig einen Fuß vor den anderen zu setzen, kommt das Gedankenkarussell in meinem Kopf zur Ruhe, der Verstand wird klar. Die Ideen kommen wieder. Präzise. Passend.

Christian Sauer wusste nichts von meinem Gehen, er kannte mich nicht einmal, als ihm ein gemeinsamer Freund von uns erzählte. Er kam mit der Idee zu einem Buch über das Gehen in der Landschaft. Im Gespräch entdeckten wir Verbindendes. Und wir erkannten, wie wichtig die uralte Kulturtechnik des Gehens für uns Kreative ist.

Die Zusammenarbeit an einem Buch ist ein Weg, den man gemeinsam geht. Und nicht jeder mag diesen Weg mit jedem gehen. Es braucht dafür wechselseitigen Respekt, einen abgestimmten (Arbeits-) Rhythmus, ein gemeinsames Ziel. Ein wacher Verstand und ein bisschen Humor schaden nicht.

Wie beim Wandern geht man auch den Weg zum Buch nicht nur mit einem Partner. Durch den Text gingen Christian Sauer und ich miteinander, mehrmals, im angeregten Gespräch.

Franca Neuburg brachte die Bilder ins Buch. Abstrakte Illustrationen, um Ihren inneren Bildern nicht im Weg zu stehen.

Dann tat der Mensch, mit dem ich seit 40 Jahren durchs Leben gehe, übrigens seit einer gemeinsamen Wanderung, das, was er als Verleger am liebsten tut: Er antwortete auf Inhalt und Form mit Material und Ausstattung.

Der Weg dieses Buches führte zu einer Druckerei im Allgäu, wo es im Anblick der Alpen in vier Pantone-Sonderfarben Gestalt annahm – und wieder zurück in unser Lager. Von wo aus es erneut aufbricht, auf den Weg zu Ihnen. Um Sie an etwas zu erinnern, das tief in Ihnen ist. Die ursprünglichste aller Fortbewegungsarten: das Gehen in der Landschaft.

Wenn man ein gutes Stück Weg gemeinsam gegangen ist, entsteht Nähe und Vertrautheit. Dafür danke ich Christian Sauer und unseren Weggefährten. Und nun wünsche ich Ihnen einen schönen gemeinsamen Weg mit diesem Buch. Ich freue mich, wenn er Sie nach draußen – und nach innen – führt.

Herzlich Karin Schmidt-Friderichs
Mainz, im Sommer 2019

»Ich habe mir meine besten Gedanken angelaufen, und ich kenne keinen Gedanken, der so schwer wäre, dass man ihn nicht beim Gehen los würde.« SØREN KIERKEGAARD

Erste Schritte

In diesem Buch geht es um den Zauber des Gehens. Und was dieser Zauber für Ihr Leben und Ihre Arbeit bewirken kann. Ich lade Sie ein: Lassen Sie uns gemeinsam rausfinden, was dran ist an meiner Idee, dass es Sie geistig und persönlich voranbringt, wenn Sie mehr draußen gehen.

Treffen wir uns irgendwo am Rand der Stadt – da, wo die Landschaft beginnt, sich bemerkbar zu machen. Lassen wir die letzten Häuser und die Ausfallstraße hinter uns, nehmen wir einen Feldweg, dann einen Fußpfad, gehen wir an einem Bach entlang oder in ein Waldstück hinein. Erlauben Sie mir, Ihnen ein paar Fragen zu stellen: Ist Ihnen warm? Spüren Sie den Wind? Wie finden Sie die Perspektive, wenn wir hier am Waldrand stehen? Woran erinnert Sie die Wolkenformation da drüben? Was sagt Ihr Körper, wenn wir jetzt immer weitergehen?

Der Zauber des Gehens liegt in Ihrer Wahrnehmung, nach außen und nach innen. Gehen vertieft diese Wahrnehmung. Wenn wir genauer hinsehen, hinhören, hinfühlen, dann sind wir ganz da und erleben mehr, und das führt dazu, dass das Hirn den Denkmodus wechselt. Es fängt an, auf einer anderen Wellenlänge zu denken, es produziert Ideen aus dem Nichts und löst vertrackte Probleme.

Wie lange wir zusammen gehen, das bestimmen Sie. Dieses Buch ist aus vielen Fundstücken entstanden – kleinen Steinen, die ich am Wegesrand aufgesammelt habe. Zuerst waren da Erlebnisse. Dann kamen Lektüre, Gespräche und Recherchen dazu. Währenddessen ging ich weiter, sammelte Erfahrungen und Gedanken, neue Steine. Ich ging raus, wo immer ich gerade war – das mache ich schon, seit ich denken kann. Und mit jedem neuen Stein stellte ich mir wieder neue Fragen. Irgendwann wollten sich all die Steine zu einem Ganzen verbinden, einem Weg, einem Text.

Sie können das Buch am Stück lesen, also dem Weg folgen bis zum Ende, wie bei einer langen Wanderung. Oder Sie springen über die Seiten und durch die Kapitel, wie es Ihnen gerade gefällt. Von Stein zu Stein, als würden Sie ein Bachbett erkunden.

Sie werden rasch merken, dass es in diesem Buch — um im Bild zu bleiben — zwei Sorten Steine gibt. Die einen ähneln Kieselsteinen, sie sind rundgewaschen von Erfahrung. Diese Texte erzählen von dem, was ich beim Gehen erlebt habe. Das ist die Draußen-Perspektive (die Texte sind nach rechts herausgerückt und haben eine etwas andere Farbe, ebenso wie im Inhaltsverzeichnis). Die anderen Steine sind kantiger, Bruchsteine sozusagen. In diesen Texten geht es ums Verstehen, um die Analyse: Was passiert da mit uns beim Gehen, was bedeutet das? Das ist die Drinnen-Perspektive, das Einordnen und Nachsinnen vom Schreibtisch aus.

Draußen- und Drinnen-Perspektive zusammen erschließen den Zauber des Gehens. Für mich als Autor und, so hoffe ich, für Sie als Leserin und Leser.

Gehen wir also ein wenig zusammen. Jeder noch so kurze Weg schenkt eigene Erfahrungen und ist nur eine Etappe auf einem langen Weg, der auf keiner Karte verzeichnet ist. Ihrem Weg; meinem Weg. Wir finden ihn im Gehen, Schritt für Schritt.

Christian Sauer
Hamburg, im Sommer 2019

Vorwort
Erste Schritte

Teil 1
Draußen gehen
als Kulturtechnik für Kreative

Teil 2
Unterwegs: Gehen im Dialog
mit der Landschaft – und mit sich selbst

1

Draußen
gehen

*als Kulturtechnik
für Kreative*

Am Fluss: Eine Landschaft mischt sich ein

Ein grauer Tag im Frühherbst, zu der Zeit, wenn man sich erst wieder erinnern muss, was das ist: Herbst. All die Farben sind da, an den Bäumen, im Unterholz, auf den Wiesen, aber niemand schaut hin, weil kein Sonnenstrahl sie leuchten lässt. Die Gärten, auf die ich von meinem Arbeitsraum aus blicke, wirken erschöpft, sie haben sich müde geblüht in einem grellen Sommer. Genau so ist auch die Stimmung drinnen: müde.

Seit einer halben Stunde gehe ich immer wieder hin und her zwischen meinem Schreibtischstuhl und dem Fenster, an dem ich jetzt stehe und schaue. Ich habe mehrere Telefonate geführt an diesem Vormittag, es ging um Pläne und Projekte. Das letzte hat mich empfindlich berührt, aber ich kann nicht genau sagen warum. Ein Coaching-Kunde hat mir berichtet, dass es für ihn zurzeit nicht gut läuft. Er hängt fest zwischen einem Job, den er verlassen hat, und der Selbstständigkeit, die noch nicht genug Ertrag bringt. Ich habe die nächsten Schritte mit ihm besprochen, und jetzt gäbe es jede Menge anderes für mich zu tun. Aber meine Gedanken kehren immer wieder zu ihm zurück.

Ich schreibe noch zwei belanglose Mails, stehe dann wieder am Fenster. Warum lasse ich mich unterkriegen von der Stimmung meines Kunden? Das hilft weder ihm noch mir. Warum bin ich so nachdenklich, so zögerlich? Als wäre da noch etwas, das ich entdecken müsste. Als läge dieses Etwas in Reichweite, aber hinter einem Schleier – oder unter einer Schicht herabgefallener Blätter. Ich öffne das Fenster.

Mein Arbeitsraum liegt im zweiten Stock einer Gründerzeitvilla. Über die Gärten hinweg schaue ich in die Wipfel alter Eichen und Kastanien hinein. Das Laub hängt schlapp, aber noch massig an den Zweigen. Der erste Frost ist noch weit. Dicht an dicht schichten sich die grünen Blätter der Eichen und die gelben der

Kastanien. Zwischen den Wipfeln sehe ich – wie jeden Tag – den Hang eines Hügels hinauf und dahinter zeichnen sich – wie jeden Tag – die Umrisse einer Baumreihe ab. Dort beginnt der Wald, der hier Gehölz heißt. Mein innerer Blick schweift weiter aus, er gleitet die Flanke des Hügels hinunter, bis zu dem kleinen Fluss, der sich dort entlangschlängelt. Im gleichen Moment wird mir klar, wie es jetzt weitergehen muss.

Ich verlasse das Haus, halte mich links, bald öffnet sich zwischen Wohnhäusern ein kleiner Park: Kinder erobern eine hölzerne Ritterburg, daneben tönen Schreie vom Bolzplatz – es sind Schulferien. Am Ende des Parks dann der Fluss. Schmal ist sie, die Bille, aber eindeutig kein Bach mehr, nicht einmal im Frühherbst, wenn sie wenig Wasser führt. Ein Fluss also, obwohl sie sich an diesem Vormittag fast versteckt unter ausladenden Ästen, die sie von beiden Seiten her überwuchern. Schlingpflanzen wiegen sich sacht in ihrer Strömung, Wasserlilien durchstechen hellgrün ihre matt glänzende Oberfläche. Wie ein Urwaldgewässer sieht sie aus unter dem grauen Himmel, und es würde mich nicht wundern, wenn ich hinter einem herabhängenden Zweig die Augenbuckel und Nüstern eines Krokodils entdeckte.

Ich habe den Fluss auf einer Brücke überquert, folge nun den eleganten Schwüngen seines Laufs – und spüre eine kleine Freude über diese skurrile Szenerie: Urwald, mitten in der norddeutschen Tiefebene. Eine Überraschung, die nie ganz ausbleibt, obwohl ich den Weg schon hundertmal und mehr gegangen bin.

Flussaufwärts gehe ich, auf einem breiten Spazierweg, immer direkt am Ufer entlang, dem trägen Strom entgegen. Ich denke dies und das, Bruchstücke aus den Gesprächen und Themen des Vormittags, verstreut wie die Teile eines Puzzles auf dem Fußboden. Immer wieder ein Anflug von Mitgefühl mit dem Kunden, bei dem es nicht gut läuft, der sich Sorgen

macht. Mein Weg verläuft weiter parallel zum Lauf des Flusses, und mit jeder Kurve wird er präsenter in meinen Gedanken. Auch darüber spüre ich eine kleine Freude, denn der Fluss ist ein guter Begleiter. Beharrlich und sanft, fast unmerklich holt er sich Aufmerksamkeit, zieht sie fort von allem anderen. Ich schaue nach rechts, aufs Wasser, dann wieder nach links, ins dicht wuchernde, von Erlen überschattete Unterholz. Schon oft habe ich erlebt, wie der Fluss sich an dieser Stelle in Gespräche mischt, wie meine Wegbegleiter aufmerken, sich wundern, die Landschaft mit Blicken zu fassen suchen. Heute mischt sich der Fluss in meine Gedanken, und das tut mir gut.

Ich bin jetzt zehn Minuten unterwegs, gehe zügig, langsam wird mir warm. Ich öffne meine Jacke, halte kurz an, ziehe meine Schnürsenkel nach. Und muss schmunzeln, weil mir einfällt, dass das schon viele Begleiter genau in diesem Wegabschnitt getan haben. Ich mochte es, wenn sie sich danach wieder aufrichteten und zügig weitergingen, ohne auf mich zu warten. Dann wusste ich: Jetzt war es auch ihr Weg.

Ich atme tiefer, denke freier. Eine Erkenntnis scheint nahe, doch plötzlich kommt der Fluss heran, aufdringlich fast, nicht einmal ein Busch hat noch Platz zwischen ihm und mir. Seine Windungen werden enger, verschlungener. Mehrmals scheine ich in die Richtung zu gehen, aus der ich gerade gekommen bin. Ich habe Freude daran, wie der Weg und der Fluss mich drehen und wenden, und erinnere mich, wie oft ich an dieser Stelle schon von Begleitern den Satz gehört habe: »Das ist ja wirklich besonders hier.«

Auch ich bin jetzt ganz bei diesem Weg, den ich so oft gegangen bin, dessen Schlingen ich aber nicht nachzeichnen könnte. Dieses Stück Landschaft haben Kräfte gestaltet, die uns fremd geworden sind, denke ich. Mäander mögen sich wissenschaftlich erklären lassen, sie sind aber doch nur ganzheitlich zu erfassen in ihrer beiläufigen Eleganz – Naturkunstwerke. Sie entziehen sich dem Ursache-Wirkung-Schema, an dem wir so gern Halt suchen. Kaum ein Mensch geht hier das erste Mal vorbei, ohne zu staunen. Die Landschaft zeigt sich so fremd und ist doch so urvertraut, dass man meinen könnte, der Fluss gäbe uns hier etwas ab von seiner Freude, eine Hügelkette durchbrochen zu haben – und vor sich weiten Raum.

Dann ist der Gedanke da, nach dem ich getastet habe: Es geht wieder um meinen Kunden und eine Erfahrung, die ich selbst einmal gemacht habe, vor mehr als zehn Jahren. Ein verwandter Moment. Er ist da und gleich wieder weg. Kein Gedanke hält sich lange, die ganze Landschaft mischt sich jetzt so ein wie der Fluss es vorgemacht hat. Wieder nur Fragmente im Kopf, aber anders als vorhin: Es sind keine Puzzleteilchen, die zueinander wollen, aber nicht können; es sind jetzt freie Gedanken, sie schweben. Sie haben alle miteinander zu tun, mit mir, brauchen aber keine Verbindung, jedenfalls nicht in diesem Moment. Sie bilden ein Mobile ohne Stäbe und Fäden, zusammengehörig zwar, aber formlos und gerade deshalb – schön.

Zu meiner Linken ist plötzlich der Wald verschwunden. Oder anders: Durch mein Vorbeigehen habe ich einen Vorhang aufgezogen, und da bricht Licht in den Dschungel am Fluss. Ein Acker, viele Hektar groß und dunkelbraun, frisch geeggt, schwingt sich vor mir einen Hügel hinauf.

Wieder bin ich freudig überrascht, obwohl ich den Effekt schon oft erlebt und diesmal geradezu erwartet habe. Aber da ist es wieder, dieses Erstaunen über die Landschaft. Kein Wunder auch: Sie ist ja nicht dieselbe wie beim letzten Mal, sie hat sich in tausend kleinen Dingen neu gestaltet, ist anders gestimmt; sie will neu gesehen und befragt werden.

Immer am Rand des Ackers entlang, den ich hinter Bäumen vorbeiziehen sehe, führt mein Weg jetzt weg vom Fluss, bergauf durch einen Wald. Erst als schmaler Pfad, der sich um Baumstämme windet, von Wurzelsträngen durchzogen, dann als breiter Waldweg, steinig und schrundig. Ich muss schauen, wohin ich die Füße setze. Auf halber Hügelhöhe habe ich deutlich an Tempo verloren, mein Atem geht schneller, das ist jetzt ein forderndes Gehen. Immer mehr Raum besetzt die Landschaft in mir, das Mobile meiner Gedanken beginnt zu schwingen, und als ich fast oben auf der Hügelkuppe war, klingt plötzlich ein Satz aus der Bewegung heraus: »Erst mal nehme ich mir Zeit.« Ich bleibe kurz stehen und notiere ihn in einem Notizbuch, das ich wie bei jedem Gang in der Tasche trage.

Sekunden später schreite ich aus dem Wald, nach links öffnet sich der weite Acker, den ich nun von oben überblicke. Ich schaue über seine Krume hinweg ins Flusstal, in ein Gewusel aus Grün und Gelb, die Bäume wirken wie Büsche. Dann geht mein Blick nach rechts und ich kann nicht anders: Ich bleibe stehen.

Eine Frage schießt mir durch den Kopf, auch da wieder, wie jedesmal: Was ist das denn? Immer wenn ich oben am Rand dieses Ackers stehe und schaue, bin ich herausgefordert. Die Landschaft ist ganz Geste, sie baut sich vor mir auf. Was ist das denn? Sind wir hier im Mittelgebirge? Der Blick schweift fünf, zehn Kilometer tief ins Land, hinein in ein Panorama aus Siedlungen, Hochspannungsmasten, Feldern, Grünanlagen, Wohnhochhäusern. Ganz hinten ein Fernsehturm, dahinter eine Ahnung der Großstadt. Das alles umrankt vom Grün und Gelb der frühherbstlichen Bäume und überwölbt von einem Himmel, der so viel größer ist als in den Straßen der Stadt.

Ein Gefühl von Weite stellt sich ein. Nein, das Gefühl von Weite, denn ich kenne es ja, ich will es, deshalb komme ich her. Einen so erhabenen Blick erwartet man nicht in dieser Gegend, die als flach und reizarm gilt. Aber die Landschaft hat hier einen

Ausguck geformt, eine kleine Kanzel. Ich stehe und schaue. Dann gehe ich schauend weiter. Denken ist möglich, aber nutzlos, das Mobile schwingt sanft und schön, während ich den Weg quer über den Acker nehme und dabei langsam an Höhe verliere. Schritt für Schritt nähere ich mich wieder dem Waldrand, lasse mich verschlucken und komme zurück zum Fluss. Der Bille-Wald erscheint mir nun noch einmal dichter und erstaunlicher.

Zurück an der Brücke, wo ich vor gerade einmal 40 Minuten auf den Weg am Fluss abgebogen bin, beginne ich über die Arbeit nachzudenken, die mich am Schreibtisch erwartet. Die Gedanken pendeln sich ein, im Rhythmus meiner Schritte, ich weiß wieder, was zu tun ist und was zu lassen.

Als ich noch einmal die Nummer jenes Coaching-Kunden wähle und ihn anspreche, hat sich der Klang meiner Stimme verändert. Und längst auch meine Stimmung.

Schritte, nichts als Schritte

Falls Sie die letzten Seiten langweilig fanden, muss ich Sie jetzt warnen: Viel spannender wird es nicht. Es geht um Wege und Landschaften, immer wieder. Und um Leute wie Sie und mich, die nicht das Leben eines Reinhold Messner oder einer Lara Croft führen.

Es geht um etwas reichlich Uncooles: Gehen. Also das, was wir jeden Tag einfach so tun, ohne darüber nachzudenken. Seit unserem zweiten Lebensjahr stößt deshalb niemand mehr spitze Schreie aus, wir selbst schon gar nicht. Wir gehen meistens, weil wir müssen, weil es praktisch ist, weil wir irgendwohin wollen. Manchmal vielleicht, weil wir uns dabei wohlfühlen.

Hier geht es weniger um das Vorankommen, das Streckemachen, sondern mehr um die Wirkung des Gehens und die Gefühle, die dabei entstehen können. Aber ganz ehrlich: Deshalb warten bei diesem Thema noch keine spektakulären Selfies auf Sie. Sie werden auch keine großartigen Zahlen posten können (»heute 125 km geradelt«, »bei Windstärke 7 gesurft«) und Sie werden noch nicht mal gut aussehen. Wahrscheinlicher ist, dass Sie verschwitzt sind, nassgeregnet und manchmal genervt. Das könnte das Bild sein, das Sie abgeben. Das Gehen, um das es hier geht, ist oft eine Anstrengung, für die man nichts Greifbares kriegt, nicht mal Likes oder Follower. Es ist monoton. Schritte, nichts als Schritte. Kaum Höhepunkte und wenig Risiko – absolut unerotisch also, unser Thema.

Aber da Sie immer noch weiterlesen, scheinen Sie schon etwas zu wissen oder zu ahnen vom Geheimnis des Gehens.

Warum es sich lohnt, vor die Tür zu gehen

Auf genau diesem Weg will ich mit Ihnen weitergehen. Das Geheimnis des Gehens entdecken, das wäre doch etwas für uns; eine kleine Expedition ins scheinbar Bekannte. Die möchte ich mit Ihnen zusammen starten.

Gerade Sie möchte ich dafür interessieren: Sie mit ihren schnellen Verschaltungen im Hirn, Ihren tausend Ideen und Ihren vielen Talenten. Sie sind kreativ, agil, Sie lieben geistige Herausforderungen. Sie können in Sekunden mit der ganzen Welt in Kontakt treten, binnen Tagen nach Feuerland oder Sibirien fliegen. Und genau deshalb freue ich mich darauf, mit Ihnen etwas sehr Einfaches, Archaisches zu erkunden. Etwas, das schon die allerersten Menschen gut konnten, sogar besser als wir: Gehen.

Längere Strecken zu Fuß gehen, zügig und ohne dauernd stehenzubleiben, davon spreche ich. Und Sie kennen das sicher, weil Sie ab und zu mal so gehen, beim Spaziergang im Park zum Beispiel, im Städteurlaub oder sogar draußen in der Landschaft. Vielleicht sind Sie sogar häufiger zu Fuß unterwegs zwischen Wald und Wiesen. Vielleicht sagen Sie: »Ich gehe gern wandern.« So oder so, ob mit wenig oder viel Geh-Erfahrung, eins werden Sie wahrscheinlich schon gespürt haben: dass sich nämlich beim Gehen ein Wohlgefühl einstellt – körperlich eine leichte, angenehme Erschöpfung und geistig … Ja, wie beschreibt man das am besten? Der Kopf ist leer, das Denken wird irgendwie langsamer.

Draußen gehen

ist der Schlüssel
zu mehr Zufriedenheit

und sogar zum Erfolg,

gerade für Menschen,

die von ihren Ideen
leben.

Unterwegs ist mehr Weite und Ruhe in uns als zu Hause oder im Büro.

»Gehen lässt das innere Geraune und die Beschwerden plötzlich still werden, es beendet das unaufhörliche innere Geschwätz, womit wir andere kommentieren und uns selbst bewerten«, schreibt der französische Philosoph Frédéric Gros. Man kann es aber auch umgekehrt erklären, wie es vor mehr als 400 Jahren Michel de Montaigne in seinen Tagebüchern tat: »Meine Gedanken schlafen, wenn ich still sitze; meine Fantasie funktioniert dann nicht von selbst – so wie sie es tut, wenn ich meine Beine bewege.«

Wer diesen Effekt kennt, geht immer wieder raus, will mehr davon. Ich selbst habe das schon als Kind erfahren, mitgenommen von meinen Eltern und meinem Großvater. Die Familie ging raus. So oft wie möglich, mindestens am Sonntag, besser noch jeden Tag. Warum? Weil das gut tat. Das war so, das wussten wir. Da wurde nicht weiter gefragt.

Es gibt Fotos davon, wie wir an gelb glänzenden Kornfeldern vorbeiziehen oder unter herbstlich schütteren Birken lagern, vor uns die Kuppen des Sauerlands mit ihren Äckern, Wiesen und Wäldern. Vieles, was von meinen Eltern kam, habe ich später irgendwann abgelehnt und abgelegt, um mir selbst näherzukommen – nicht aber das Gehen. Diese Verbindung zu meiner Kinderwelt ist nie abgerissen.

Viele um mich herum haben das so nie erfahren. Oder vergessen. Oder es irgendwann zurückgewiesen wie Kniebundhosen und rotkarierte Blusen. Sie haben keinen Zugang mehr zum Gehen. Mir ist es anders ergangen. Gehen ging immer.

Allerdings: Wie die meisten, die gern rausgehen, habe ich mich lange nicht gefragt, was da eigentlich passierte und passiert mit mir beim Gehen. Warum ich gehe. Wohin ich gehe.

Inzwischen bin ich überzeugt, dass Gehen mehr ist als eine nette Gewohnheit, eine harmlose Freizeitbeschäftigung, nämlich eine bedeutende Psycho- und Kulturtechnik, die uns Leben und Arbeit erleichtern kann. Draußen gehen ist der Schlüssel zu mehr Zufriedenheit und sogar zum Erfolg, gerade für Menschen, die von ihren Ideen leben.

Wenn wir rausgehen und dann – das ist wichtig – weitergehen, wenn wir also diese Technik zu nutzen verstehen, kommen wir mit Problemen besser klar, finden leichter zu uns selbst, treffen bessere Entscheidungen. Und zwar nicht, weil wir beim Gehen angestrengt über all das nachdenken, sondern umgekehrt, weil das Gehen genau dieses zwanghafte Nachdenken verhindert und uns mit zwei wunderbaren Regulierungssystemen in Kontakt bringt: dem eigenen Erfahrungsgedächtnis (sozusagen der inneren Weisheit) und einer Landschaft (einem herausfordernden äußeren Gegenüber).

Beides zusammen – der Kontakt nach innen und der Kontakt nach außen – ermöglicht uns Momente der Resonanz: Wir erleben eine inspirierende Übereinstimmung mit uns selbst und mit unserer natürlichen Umgebung.

Nicht zufällig hängt diese Wirkung damit zusammen, dass wir uns, indem wir gehen, sozusagen dumm verhalten. Unsere Zivilisation hat geniale Fortbewegungsmittel erfunden, vom Fahrrad bis zum Flugzeug. Wir könnten viel effektiver und schneller an unser Ziel gelangen! Zu Fuß gehen wäre das letzte, wozu uns ein Ökonom raten dürfte.

Aber wir setzen trotzdem einfach nur Schritt vor Schritt. Unendlich langsam, verglichen mit einem ICE oder einem Motorrad. Wir weigern uns sogar, auf ein Ziel zuzugehen, und gehen stattdessen im Kreis oder nur mal so in eine Richtung. Unsere Ankunftszeit ist uns ziemlich egal, während wir uns eben in der Bahn noch über zehn Minuten Verspätung geärgert haben.

Wir leisten uns den Luxus der Langsamkeit – den vielleicht letzten echten Luxus, den es noch gibt.

Das Tal: Aufbruch in die Weite

Ich drehe mich noch einmal um und winke. Tief geschlafen. Tolle Leute, bei denen wir da übernachtet haben. Sogar ein Abendessen hat unsere Gastgeberin für uns bereitet, obwohl sie doch heute in den Urlaub aufbrechen will. Und ein Abendessen für zwei hungrige

Wanderer, das ist keine Kleinigkeit, da muss ordentlich was auf den Tisch. Am Ende waren es Rehkoteletts mit Bratkartoffeln und wir haben uns von Herzen bedankt.

Aber jetzt – ich drehe mich wieder um zum Weg – jetzt liegt die Welt vor uns. Wir gehen weiter, und dieses »weiter« macht mich für einen Moment rundum glücklich. Die Morgenstimmung im Wald, der leichte Dunst, die Ausblicke auf ferne Bergrücken, das alles mischt sich mit einer inneren Weite. Ausgestreckt liegt der Tag vor mir. Wir werden von einer Region in die nächste gehen, vom Unterengadin ins Oberengadin, das verspricht spannend zu werden. Es liegen interessante Orte auf unserem Weg. Aber vor allem: viele Kilometer, mit ständig neuen Ausblicken, Wäldern, Seen, Begegnungen. Darüber wechselhaftes Wetter. Was für ein Tag wird das werden? Was für ein Tag!

Vor lauter Vorfreude folge ich blind einem Wegweiser, schaue nicht auf die Karte, und schon sind wir 300 Meter falsch gelaufen, bergauf. Dafür ist uns jetzt richtig warm. Dann führt unser Weg oberhalb des Inns entlang, und wir können kilometerweit das Tal hinaufschauen. Da kommt sie zurück, die Freude.

Ich mache kein Foto, weil diese Landschaft, diese Stimmung nicht mit einem Schnappschuss einzufangen ist. Die Grüntöne, die Proportionen von Hang und Talboden, die Geräusche, die von Häusern, Straßen und Industriezonen dort unten heraufklingen, dazu das frühe Licht auf den Bergkuppen – ich erlebe eine Art Gesamtkunstwerk, nein, ich bin mitten darin. Unspektakulär vielleicht, aber einzigartig. Nie wieder werde ich diese Landschaft in diesem Moment erleben.

Glücklich ist ein großes Wort. Ich bin oft zufrieden und kann mich an vielem freuen und manchmal alles prima finden. Aber so richtig pumperlfroh, zum Hüpfen heiter? Das passiert mir nicht dauernd. An diesem Morgen aber, als ich mit leichtem Schritt in die Welt ziehe, bin ich glücklich. Als gäbe es für diesen einen Tag keine Probleme, keine Verpflichtungen, nicht einmal all die Beziehungen, die mir sonst so wichtig sind und mein Leben bestimmen. Vor mir liegt eine Zeit der Freiheit. Nur mit dem Weg, der Landschaft und den Menschen unterwegs muss ich mich jetzt auseinandersetzen. Und mit mir selbst und meinem Begleiter. Das fühlt sich leicht an.

Ich koste ihn aus, diesen glücklichen Augenblick, und gehe mit einem inneren Lächeln weiter, hochgestimmt in der Erwartung, dass das eine spannende Begegnung wird, die Landschaft und ich, ich und die Landschaft, heute. Nichts als ein paar Millimeter Sohle sind zwischen mir und dem Weg.

Was hat es auf sich mit dem Gehen?

Gehen ist eine einfache Technik, um den Kopf frei zu bekommen. Sie funktioniert erstaunlich verlässlich und gut, weil das Gehen uns in den Genen steckt. Unser Denken hat sich in stetem Wechselspiel mit dem Gehen gebildet. Und selbst heute, da wir – anders als unsere Urahnen in der Steppe – kaum noch gehen müssen, funktioniert dieses Wechselspiel noch immer. Wir können es mit wenig Mühe starten, praktisch jederzeit, indem wir rausgehen: Beim Gehen schüttelt sich körperlich und geistig vieles in uns zurecht. So einfach ist das.

So einfach? Es gibt offensichtlich Gründe, warum wir so wenig gehen. Zeitmangel, Konventionen, Verantwortung. Selbst ich, bei dem Gehen ganz oben auf der Liste steht, komme manchmal wochenlang nicht dazu. Wie Sie habe ich eine anspruchsvolle kreative Arbeit, die mich nicht nur während fester Bürozeiten fordert, sondern dauernd auf Trab hält. Ich arbeite viel, reise viel, bin in vielfältige Netzwerke eingebunden, verbringe wichtige, schöne Zeit mit meiner Frau, Freunden und Bekannten. Wäre ich nicht überzeugt, dass Gehen kein Nebenpfad ist, sondern eine wesentliche Spur meines Lebens, käme ich aus all diesen Gründen viel zu wenig raus.

Gehen hilft:

Es erhält Ihre Ideenkraft
und macht Sie leistungsfähiger

und gelassener.

Ihnen wird es kaum anders gehen. Deshalb möchte ich Sie mit diesem Buch ermuntern und inspirieren: Nutzen Sie Gehen als die einfachste und wirksamste aller Methoden, ein gutes Leben unter den Bedingungen der Spätmoderne zu führen. Sie können jederzeit rausgehen, Sie brauchen fast keine Vorbereitung, Sie müssen dafür wenig aufgeben – und wenn, dann lohnt es sich.

Mein Anstoß kommt nicht von der Fitness-Seite. Sie wissen, dass Fitness-Ratgeber noch niemanden fit gemacht haben. Sie wissen auch, dass ich hundert Studien zitieren könnte, um Sie zu überzeugen, ohne dass ich Sie damit in Bewegung bringen würde. Wir lesen solche Texte gerne mal und ändern unser Verhalten danach nicht – oder allenfalls minimal.

Ich komme Ihnen deshalb vor allem mit dem, was ich für stark genug halte, um Sie ins Tun zu bringen: Erfahrungen von Menschen, die gehen. Es gibt eine ganze Literatursparte, in der es ums Gehen und Wandern geht, und seit einigen Jahren einen regelrechten Boom von Wanderberichten in Buchform.

Am meisten aber werden Sie es mit meiner persönlichen Erfahrung zu tun kriegen. Ich werde Ihnen geradezu penetrant davon erzählen. Ich bin sonst ein Mensch, der andere in Ruhe lässt, aber in dieser einen Sache bin ich ein bisschen missionarisch: Ich bin überzeugt, dass kreative Menschen mehr gehen sollten. Ja, damit meine ich ganz direkt Sie, liebe Leserin, lieber Leser. Gehen hilft: Es erhält Ihre Ideenkraft und macht Sie leistungsfähiger und gelassener. Was ja ganz schön viel wäre für notorisch belastete, vielfältig geforderte und gestresste Kreative wie Sie, wie uns. Oder, wie Jean-Jacques Rousseau es formulierte: »Im Wandern liegt etwas die Gedanken Befeuerndes und Belebendes. Ich kann kaum denken, wenn ich mich nicht vom Platze rühre. Mein Körper muss in Bewegung sein, wenn mein Geist es sein soll.«

Wenn Ihnen das noch nicht reicht: Gehen hält auch gesund, fit, schlank und dergleichen, aber wenn uns das so entscheidend wichtig wäre, müssten wir ja alle den Job wechseln und Gärtner oder Yogalehrer werden, am besten gärtnernde

Yogalehrer. Sie bleiben aber in Ihrem Job, weil Sie ihn trotz aller Nebenwirkungen lieben. Wir reden hier also über eine Methode, mit der Sie die komplexen Belastungen besser wegstecken, sich rascher geistig regenerieren können und körperlich nicht völlig abschmieren – trotz Schreibtischarbeit, Konferenzitis und wahrscheinlich mehr Alkohol als gut wäre.

Gehen ist vielleicht deshalb eine so wirksame Methode, weil es keine Ausreden zulässt. Wer einmal damit anfängt und spürt, was Gehen bewirkt, der hat hinterher keine Entschuldigung mehr, nicht zu gehen. Deshalb hier eine letzte Warnung: Wenn Sie jetzt weiterlesen, wird es eng für Ihren inneren Schweinehund.

Wandern reloaded – der aktuelle Boom

Sicher haben Sie Ihre eigenen Draußen-Erlebnisse. Solche, die Sie beglückt, bewegt oder einfach nur in Kontakt mit einer Landschaft gebracht haben. Zurzeit entdecken viele Menschen, was ihnen genau das, dieses Eintauchen in eine Landschaft, wert ist. Vielleicht verdankt die Natur es ausgerechnet der Digitalisierung, dass Menschen sich wieder mehr für sie interessieren. Je mehr wir unser Leben über Bildschirme und andere Nutzeroberflächen steuern, je weniger wir mit echten Menschen zu tun haben, stattdessen mit Algorithmen und Anwendungen von Künstlicher Intelligenz, desto größer offenbar das Bedürfnis nach unmittelbarer Erfahrung. »In einer ortlosen und nicht anfassbaren Welt können wir auf Dauer nicht gut leben, deshalb erlebt das Sinnliche immer wieder eine triumphale Renaissance«, sagt der Zukunftsforscher Matthias Horx. Deshalb besinnen wir uns auf eine sehr alte Art, uns selbst zu spüren, auf die Begegnung mit einer Landschaft.

Dieser Wunsch, draußen etwas zu erleben, beschränkt sich natürlich nicht aufs Wandern. Interessanterweise nimmt der Anteil derer, die das klassische Wandern in Umfragen als Hobby nennen, in Deutschland sogar ab. Allerdings interessieren sich gerade Menschen, die intellektuell viel leisten, wieder verstärkt dafür. Kopfarbeiter wie Sie und ich profitieren offenbar besonders vom »hautnahen Kontakt mit Natur und Landschaft«, wie der Wandersoziologe Rainer Brämer es ausdrückt.

Zum Outdoor-Boom gehört eine schier unüberschaubare Vielfalt von Sportarten und Freizeitbeschäftigungen, die teilweise das genaue Gegenteil echter Naturbegegnung darstellen. Auch Downhill-Biking, Quad fahren und Golf fallen in gewisser Weise unter Outdoor. Der Unterschied ist offensichtlich: Diese Sportarten erfordern Geschwindigkeit, Motorkraft oder mindestens eine teure Ausrüstung und künstliche Terrains. Da steht nicht der sanfte Dialog mit den natürlichen Gegebenheiten im Mittelpunkt. Diejenigen, die einfach nur draußen gehen wollen, sind eine Minderheit im Trubel um die Draußen-Sportarten.

Umfragen zufolge ist es jedoch wahrscheinlich, dass diese Minderheit die Leistungsträger der Gesellschaft repräsentiert. Heutige Wanderer haben hohe Bildungsabschlüsse und verdienen gut. Viele von ihnen profitieren zwar von der Digitalisierung oder gehören sogar zu den Trendsettern, sie erfahren aber täglich an Leib und Hirn, was das digitale Leben an Arbeitsverdichtung und Vernetzung bedeutet. Und damit sind wir wieder bei Ihnen, bei uns. Klar gibt es Kreative, die lieber Ski fahren, aufs Motorrad steigen oder Kite-Surfen gehen als durchs Mittelgebirge zu stapfen. Manche können Stress und Dauer-Gefordertsein am besten durch Höchstleistung, Tempo und Risiko abbauen. Draußen gehen ist ihnen schlicht zu lahm, es fesselt sie nicht genug. Und das ist ja auch okay.

Ich frage mich allerdings, ob all diese schnellen, eher technisch geprägten Sportarten wirklich der Schlüssel zu einer guten Lebensbalance sind. Sie stehen eben nicht jederzeit und ohne Wenn und Aber zur Verfügung. Sie ermöglichen keine so intensive Resonanzbeziehung mit etwas, das größer ist als wir selbst: der Natur. Sie führen uns weniger zurück auf jene Wahrnehmungs- und Handlungsprogramme, die uns in den Genen stecken.

Draußen gehen ist die einfachste, ungefährlichste aller Anti-Stress-Methoden, zugleich die mit den geringsten Zugangshürden. Ausgerechnet das scheinbar langweilige Gehen bietet eine besonders zeitgemäße Antwort auf das, was unser Leben in hohem Tempo verändert. Vielleicht deshalb, weil Gehen das konsequente Gegenteil unseres Lebensstils in Beruf und Alltag repräsentiert: langsam, gleichmäßig, analog, rückbezogen auf die Natur.

Das kann man natürlich auch vom Radwandern und Kanufahren sagen. Auch da geht es um eine relativ langsame Fortbewegung, um gleichmäßigen Krafteinsatz bei ruhiger Atmung – und natürlich findet auch auf dem Rad und im Boot ein Dialog mit der Landschaft statt. Der Charme des Gehens liegt darin, nicht einmal Rad oder Boot zu brauchen, nicht einmal Straße oder Fluss, sondern einfach jederzeit losgehen zu können, überallhin, sogar ohne Rucksack und Spezialkleidung. Es braucht fast nichts als die Entscheidung, den ersten Schritt zu tun. Den Fuß vor die Tür zu setzen, jetzt, und dann weiter.

Im Wald: Altes Leben, neues Leben

Es reicht. Ich habe mich verfangen in zu vielen Aufgaben, zu vielen Wenns und Abers. Mich bedrückt eine Überlast an Arbeit, und weil das schon länger so ist, sagen die Menschen um mich herum: »Es ist gerade schwierig mit dir.« Sie haben recht. Mir fällt seit Tagen nichts mehr ein, als stur geradeaus durchs Leben zu trampeln. Arbeit geht noch am besten, aber auch die schmeckt mir gerade nicht mehr.

Nur eins fällt mir jetzt noch ein: Abhauen. Kein geplantes, gut vorbereitetes Abhauen, kein Wellness-Wochenende auf dem Land, Hotel aus der Rubrik »kleine Fluchten«, gutes Essen, Spaziergänge in idyllischer Umgebung. Viel zu kompliziert! Genau das bekomme ich jetzt gerade nicht hin, und wenn man es mir anböte, würde ich wahrscheinlich knurren: »Keine Zeit.«

Möglich ist dies: einfach losgehen. Am helllichten Tag. Handy aus und weg. Die etwas von mir wollen, werden nicht gleich eine Fahndung ausschreiben. Ich ziehe mir eine alte Hose und stabile Schuhe an, lasse einen Zettel liegen, stecke eine Wasserflasche in die Tasche und einen Müsliriegel.

An der Haustür zögere ich. Welche Richtung? Ein Stück fahren oder gerade so loslaufen? Mir fällt ein Weg ein, den ich vage kenne. Also auf, Richtung Osten, durch Wohnviertel, Nebenstraßen, Kleingärten. Zum Friedhof, zwischen Gräbern hindurch zum Hinterausgang, und dann raus aufs freie Feld. Zwei Kilometer lang ist um mich herum nichts als Äcker, Gras und Wind.

Jetzt kommt es darauf an, dass ich immer weitergehe. Da ist nämlich etwas, auf das ich mich verlassen kann: Es kommt der Moment des Umschaltens. Körper und Geist beginnen, anders zu arbeiten und anders miteinander zu kommunizieren. Wie Einschlafen, nur dass ich wach bleibe dabei – und gehe.

Das Umschalten kommt, und mit ihm wird mein Gang anders; das Eckige, Angespannte verliert sich; ich gehe rhythmischer, sanfter. Ich atme tiefer, Beine und Arme fühlen sich warm an. Es ist, als ob sich ein zusätzlicher Energiekreislauf eingeschaltet hätte. Fast im gleichen Moment beginnt der Geist abzuschweifen, die Gedanken verlassen ihre Kreisbahnen, sie brechen aus ins Ungewisse.

Ich höre auf zu denken, und lasse mein Hirn durchlässig werden für alles, was da gerade ist: ein kleiner Buchenwald, Getreidefelder, Weißdornhecken, Strommasten. Die Alltagsgedanken verlieren ihre Macht. Sie bleiben anwesend, aber ich fühle mich nicht mehr eingeengt von ihnen. Etwas passiert zwischen mir und der Umgebung. Was immer es ist, es tut mir gut.

Eine gute Stunde braucht es diesmal, bis ich wieder staunen kann. Ich bin in ein Dorf hinein und wieder herausgegangen, habe einen tiefen Einschnitt in der Landschaft durchquert, die Dalbekschlucht, und nehme plötzlich die Schönheit der Szenerie wahr: wie der laubbedeckte Weg mit sanftem Schwung eine

Anhöhe nimmt, dabei alte Buchen respektvoll um-
schlängelt. Die Stille wird mir bewusst, die Einsamkeit;
ein Strahl Nachmittagslicht durchstößt das dichte
Blätterdach.

Bald darauf erreiche ich den Weg, zu dem es
mich hingezogen hat. Wieder ein tiefer Einschnitt, wieder alte Buchen, wieder Stille. Ich verlasse den Fahrweg
in einer Kurve, gehe jetzt bergauf, querfeldein, muss auf
verdeckte Löcher im Boden achten und gefallene Bäume
umkurven. Der Wald hat hier einen morbiden Charme,
fast ein wenig unheimlich, dabei zeugt der Modergeruch
nur davon, wie aus altem Leben neues wird.

Der Regen, der seit einer Stunde in der Luft lag,
setzt ein. Ich hocke mich an den Stamm einer Tanne und
höre dem leisen Rauschen zu. »Sanft« wäre ein zu hartes
Wort für dieses Geräusch. Für einen Moment lang ist
nichts mehr in meinem Kopf, nur Wald, Regen und das
pulsierende Blut.

Später dringen die Tropfen durch meinen natürlichen Schutz. Ich biege ab nach Süden, höre bald die
Landstraße, setze mich an eine Bushaltestelle und muss
nicht lange warten. Drei Stunden nach meinem Aufbruch sitze ich wieder am Schreibtisch, bereit, mich
einzulassen auf das, was jetzt zu tun ist – und voller
Energie.

Zurück zu unseren Wurzeln

So einfach ist das mit dem Draußen gehen. Für die Dauer eines
Ausflugs befreit es von Verpflichtungen und Konventionen. Die
Landschaft fordert heraus, Perspektiven wahrzunehmen, ihr in
tausend Situationen zu begegnen. Wer rausgeht und sich fordert,
kann stolz sein auf die Kraft und Ausdauer, mit denen er eine
Tour gemeistert hat. Er kehrt guter Dinge heim – manchmal
auch verzaubert.

Und wäre das nicht eine gute Ergänzung zu den unbe-
streitbaren Schattenseiten eines kreativen Lebens? Überlastungs-

phasen, Durststrecken, Kommunikations-Overkill und Melancholie – das kennen die meisten, die von ihren Ideen leben. Mit der Methode Draußen gehen lassen sich kleinere und größere Stimmungsdellen und Schaffenskrisen abmildern. Gehen hilft, rasch wieder ins produktive Denken zu kommen, und zwar gerade deshalb, weil das Gehen selbst nach herkömmlichen Maßstäben höchst unproduktiv ist. Anders gesagt: Hinter jeder Haustür beginnt ein Weg, der Inspiration und Gelassenheit bringen kann, einen klaren Kopf und Fitness obendrein. Oder, um den Urvater aller wandernden Kreativen zu zitieren, den Schriftsteller Johann Gottfried Seume: »Ich bin der Meinung, dass alles besser gehen würde, wenn man mehr ginge.«

Seume ging von Leipzig nach Sizilien, dann nach Paris und wieder nach Leipzig. Ich wage die Voraussage, dass Ihre Wege etwas kürzer ausfallen. Aber das ist ja das Spannende: herauszufinden, welche Wege, welche Gänge für Sie passen. Je nach Trainingsgrad kann schon eine Stunde Gehen eine heilsame, erfüllende Übung sein. Andere brauchen mindestens zwei oder drei Stunden, um auf Touren zu kommen. Wieder andere brechen für eine Neun-Stunden-Tour oder gleich für ein paar Wochen auf. Welche Distanz und welches Gelände Sie auch immer wählen, Sie können erfahren, was kontinuierliches und achtsames Gehen auslöst: Der Körper meldet sich zurück, richtet sich von innen her auf. Oder anders gesagt: Innen und Außen geraten in Bewegung und regen sich gegenseitig an.

Kleine Typologie der Wege

Was für ein Weg, was für eine Tour passt für Sie? Die Auswahl ist groß, hier eine Übersicht.

Einmal um den Block Selbst wenn Sie an einer sechsspurigen Straße wohnen oder arbeiten – von fast überall können Sie in zehn oder 15 Minuten zu Fuß in ruhigeren Gefilden sein. Jedenfalls in Mitteleuropa, wo es in der Regel eine Stadtplanung gibt, die Verkehrsströme kanalisiert und Zonen relativer Ruhe schafft, also Wohngebiete, Grünflächen und Parks. Einmal um

Ich bin der Meinung,

dass alles besser
gehen würde,

wenn man mehr ginge.

Johann Gottfried Seume

den Block, das heißt: möglichst weg vom starken Verkehr, mindestens etwa 15 Minuten gehen, möglichst selten stehen bleiben. Wer eine halbe Stunde Zeit hat, dreht seine Runde über Bürgersteige, Fußgängerwege und Alleen, notfalls auch durch die Nebenstraßen von Industriegebieten.

Was bringt das? Es bringt den Kreislauf auf Trab, wirkt Fehlhaltungen beim Sitzen entgegen, entlastet Rücken, Nacken und Augen. Außerdem rückt Gehen Ihre Perspektive zurecht: Da draußen gibt es ein Leben jenseits der Aufgaben, die Sie gerade zu erledigen haben, jenseits aller Präsentationstermine, Pitches und Kundenwünsche. Schon ein kleiner Gang bringt ein wenig mehr Weite in Ihr Denken, gibt Klarheit und Kraft für ein schwieriges Telefonat oder für eine mutige Entscheidung nach dem Motto »Kill your darlings« (verabschieden Sie sich von Ihren Lieblingsideen, damit die Arbeit endlich fertig wird).

Übrigens: »Einmal um den Block« funktioniert nur, wenn Sie für diese zehn bis dreißig Minuten Ihr Smartphone ausschalten. Ein Bildschirm, und sei er auch noch so klein, macht alles kaputt. Augen, Hände und Nacken können nicht entspannen, und Sie bleiben nach außen fixiert, auf Kommunikation, andere Menschen und deren Bedürfnisse und Forderungen. Sie kommen nicht bei sich selbst an. Dagegen passen Gehen und Funkstille gut zusammen. Ihr Hirn kann dann in aller Ruhe neue Vernetzungen ausprobieren.

Urbanes Flanieren Auch der »Gang um den Block« ist ein Spaziergang, aber eben ein sehr kurzer. Richtige Spaziergänge dauern meist länger. Inklusive rumstehen, plaudern, Enten füttern und Kaffee trinken braucht das gern mal vier, fünf Stunden.

Herrlich, und gut für die Seele. Zumal Spaziergänger meist zu zweit oder en famille unterwegs sind. Sie lassen sich treiben, unterhalten sich, treffen nebenbei Bekannte. Im französischen Wort »flaneur« steckt die Bedeutung »sich ziellos über ein Feld, eine weite Fläche bewegen«. Genau das macht den Reiz aus, aber auch den Unterschied zum stetigen Gehen: Wer geht oder gar wandert, bewegt sich kontinuierlich voran, meist auf einem vorher ausgesuchten Weg.

Spaziergänger brauchen keinen Plan. Es gibt wunderbare Bücher von Stadtspaziergängern. Mit Stefan Wackwitz durch New York oder Tiflis zu gehen, mit David Wagner durch Berlin – das ist intellektueller Genuss und eine Lektüre, die den Spaziergang rund macht.

Wenn ich schon entspannt bin, flaniere ich auf Spazierwegen. Solange ich aber eine hohe Grundspannung in mir trage – und das tun die meisten Kreativen, die ich kenne, weil sie sich immerzu zwischen gegensätzlichen Polen und Interessen bewegen müssen –, solange passt es besser, dass ich zügig und kontinuierlich gehe. Anders gesagt: Stetiges Gehen schafft die Voraussetzungen für einen hübschen Spaziergang.

Die Stadtwanderung Wohnen Sie in der Stadt? Dann fallen Ihnen die Stadtwanderungen in den Schoß. Sie müssen sich nur noch für eine Route entscheiden. Mit Bus oder U-Bahn an den Stadtrand fahren und von dort nach Hause gehen? Im Zickzack durch ein Viertel laufen, das Sie noch kaum kennen? Oder einmal außenrum um die Stadt? Vielleicht in mehreren Etappen an aufeinander folgenden Wochenenden?

Städte bieten interessante Wege. Eine Stadtwanderung wird daraus allerdings nur dann, wenn Sie zügig voranschreiten und nicht dauernd stehenbleiben. So können Sie die Topographie der Stadt erspüren, tiefere Perspektiven gewinnen, die Stadt als Landschaft entdecken. Das kontinuierliche Gehen markiert einen wesentlichen Unterschied zum Flanieren, bei dem Sie Ansichten der Stadt in sich aufnehmen – ein Haus, ein Schaufenster, eine Kirche, einen Platz – aber keine mit den Füßen erspürten Landschaftseindrücke.

Oft stellt sich dann übrigens heraus, dass die Stadt nicht eine Landschaft ist, sondern viele. Wenn wir in der Stadt längere Strecken kontinuierlich gehen, entdecken wir Stadtlandschaften, etwa die Hügel von Montmartre und Montparnasse in Paris. Oder die Innenstadt von Lissabon, die einem riesigen Amphitheater gleicht, auf dessen obersten Rang man von Aussichtspunkt zu Aussichtspunkt wandern kann. Frédéric Gros beobachtet zu Recht, dass Stadtwanderungen erst möglich

wurden, als die Städte in die Landschaft wuchsen, immer
größer wurden – und damit selbst zu vielfältigen Landschaften.

Bei einer Stadtwanderung ist die Versuchung groß,
dauernd stehenzubleiben, Schaufenster zu studieren, Kaffee,
Döner, Eis oder gar Schuhe zu kaufen. Wer dem dauernd nach-
gibt, macht dann keine Wanderung mehr, sondern allenfalls
einen Spaziergang. Das Gefühl »Ich bin körperlich gefordert«
stellt sich nicht ein. Und das wäre schade, denn Körper und
Geist werden dann nicht umschalten vom Alltagsmodus auf
den Geh-Modus.

Brauchen Sie noch Ideen für Stadtwanderungen?
Hier sind ein paar: Umrunden Sie die Stadtmauer von Soest
in Westfalen. Spazieren Sie auf die Burgen von Bielefeld oder
Nürnberg. Durchwandern Sie den Englischen Garten in
München. Laufen Sie von Friedrichshain zwei Stunden gerade-
wegs nach Westen durch die Mitte Berlins oder von der
Hamburger Speicherstadt an der Elbe entlang nach Osten.
Gehen Sie am Rheinufer durch Köln oder rechts und links der
Seine durch Paris. Wandern Sie in der Betonschlucht des
Donaukanals durch Wien. Wie wäre es mit einem Gang durch
Leipzig auf der Suche nach den schönsten Granitplatten im
Bürgersteig? Vielleicht werden Sie die berühmten Gründerzeit-
quartiere, etwa das Graphische Viertel oder die Südvorstadt,
ganz neu wahrnehmen.

Sie finden bei einer solchen Stadtwanderung alles,
was Sie brauchen, um den Kopf freizubekommen: eine vielfältige Stadtlandschaft, dauernd wechselnde Perspektiven;
und längere Gehstrecken ohne Halt, sodass Sie auch dann noch
weitergehen können, wenn die Beine langsam müde werden.
Zusammen könnte das einen wunderbaren, entspannenden
Gang ergeben, wie Kreative ihn bestens gebrauchen können.

Großstadt: Schau-Spaziergang durch Rom

Es ist eine plötzliche Idee. Ich gehe vom Campo dei
Fiori nach Hause, stehe auf der Brücke Ponte Sisto
und schaute auf den Gianicolo-Hügel, einen der sieben

mythischen Bergrücken, auf denen Rom erbaut wurde. Es wären nur fünf Minuten bis zu dem kleinen Apartment im Gassengewirr von Trastevere, das wir für ein paar Tage bewohnen. Aber es juckt mich, jetzt gleich direkt hinaufzugehen zum Aussichtspunkt über der Stadt.

Es ist fünf Uhr, der Feierabendverkehr brandet die Uferstraße des Tiber entlang. Ich trinke rasch noch einen Espresso, der hier »Café« heißt, in einer der Designer-Bars an der Piazza Trilussa und gehe dann langsam durch diesen Teil von Trastevere, den ruhigeren des Ausgehviertels am großen Fluss. Bald führt mein Weg leicht bergauf, dann immer stärker. Ich achte mehr auf das Relief der Stadt unter meinen Füßen als auf die zierlichen Brunnen und skurrilen Straßennamen (»Vicolo della Frusta« – Peitschengasse oder Gasse der Disziplin). Der Stadtplan hat geholfen, an den Fuß des Hügels zu gelangen. Nun steige ich die steile Via di Porta S. Pancrazio hinauf. Sie wird mich in den ehemaligen Privatpark einer Villa und dann zum Aussichtspunkt führen, zur Terrazza del Gianicolo.

Während ich Schritt für Schritt bergauf stapfe, öffnen sich hinter mir Blicke und ich kann nicht anders, als mich immer wieder umzudrehen. Der Anstieg lässt Wärme in mir aufströmen, und ich bin dankbar dafür, denn Rom gibt sich kühl an diesem wolkigen Tag Mitte März. Grau liegt die Stadt vor mir, unbeeindruckt von den Jahrtausenden, nur hier und da werfen durchbrechende Sonnenstrahlen ein warmes Ocker auf ein Gebäude oder einen Häuserblock.

Vom Rücken des Hügels geht der Blick weit nach Osten. Mich interessieren heute nicht die einzelnen Landmarken, das Pantheon etwa oder das Riesendenkmal an der Piazza Venezia, das wir »die Schreibmaschine« nennen. Alles gut zu sehen, aber ich schaue mehr auf die Stadt als Ganzes, eingebettet in einen weiten Halbkreis von Bergen. In der Ferne leuchtet ein Rest von Schnee auf den Ausläufern der Abruzzen. Die Stadt liegt vor mir wie ein fein gewebtes Tuch, ausgebreitet über welligem Boden.

Habe ich mich sattgeschaut oder wird mir wieder kalt? Jedenfalls gehe ich weiter Richtung Norden, auf der Straße mit dem schönen Namen »Passegiata«, Spaziergang auf dem Gianicolo. Trotz des starken Verkehrs stellt sich im Gehen innere Ruhe ein. Das Gefühl, über der Stadt zu schweben. In ihr zu sein und doch für mich.

Ich halte den Blick nach rechts auf die Stadt gerichtet, bleibe häufiger stehen, versuche Rom zu verstehen – und zwar nicht nur das, was wir Touristen als Rom auffassen, die historischen, bürgerlichen Viertel rechts und links des Tiber. Ich suche mit dem Blick die immensen Wohnviertel am Rand wie Tusculano und Tiburtina. Dort wohnen diejenigen, die im Zentrum in Geschäften und Cafés arbeiten. Sie können sich eine Wohnung nur in heruntergekommenen Großsiedlungen am Rande leisten und sind jeden Tag einem mörderischen Pendlerverkehr ausgesetzt.

Während die Straße langsam an Höhe verliert, versuche ich beides zugleich zu empfinden: das Hochgefühl dieser zauberhaften Stadt im Abendlicht und das innere Kopfschütteln über den chaotischen Verkehr, die chronisch schlechte Stadtpolitik, das Los der weniger betuchten Römer. Es geht. In Rom ist beides ewig, Traum und Chaos.

Zwischen Mietshäusern und über große Kreuzungen hinweg schlage ich mich zum Petersplatz durch. Die Anlage dieser Kirche ist selbst eine Stadtlandschaft, die man durchwandern kann. Ich begnüge mich aber damit, auf dem Petersplatz zu stehen und mich hin- und herzudrehen, den Blick mal auf die mächtige Kuppel zu richten, dann wieder die geniale Sichtachse nach Osten hinunter. Ich bleibe an der Engelsburg hängen und gehe langsam auf sie zu.

Am Tiber angekommen, biege ich nach rechts ab und stelle mich vor einem Krankenhaus an eine Bushaltestelle. Kaum eine Stunde hat mein Umweg über den Hügel gedauert. Ich reihe mich ein in die Menge derer, die nach Hause wollen und wie ich auf den richtigen Bus warten, der aber nicht kommen will. Ich denke daran, zu Fuß über alle sieben Hügel Roms zu wandern.

Alltagsnahes Wandern auf dem Land Es muss also auch für urban lebende Kreative nicht gleich aufwändig und kompliziert werden, wenn es ans Gehen geht. Trotzdem ist es eine gute Idee, die Stadt zu verlassen. Ich tue das häufig, käme dabei aber nicht auf die Idee, unsere städtische Zivilisation grundsätzlich infrage zu stellen, wie es vor hundert Jahren der Wander-vogel-Bewegung gefiel. Man kann Städte lieben und sich trotz-dem Auszeiten von ihnen nehmen.

Ob von der S-Bahn-Haltestelle oder vom Wanderpark-platz an der Landstraße: Der ländliche Raum bietet tausend Möglichkeiten, einfach loszugehen. Deutschland, Österreich und die Schweiz sind mit Wanderwegen bestens bestückt, geradezu gesegnet. Fast überall finden Sie Wegweiser, Mar-kierungen und sogar fest installierte Wanderkarten. Darum haben sich meist die örtlichen Wandervereine gekümmert. Sich hoffnungslos zu verlaufen ist in diesen Ländern gar nicht so einfach. Da bieten Osteuropa und Italien deutlich bessere Chancen.

Der große Vorteil des Wanderns auf dem Land ist, dass Sie kontinuierlich gehen können. Keine Ablenkung, kaum Kreuzungen, kaum Ampeln. Ich suche mir am liebsten autofreie Wege oder kaum befahrene Nebenstraßen – und liege damit, wie Rainer Brämers Wanderstudien ergaben, ziemlich im Trend. Oft muss ich nur um zwei Ecken gehen, und die Hauptstraße mit ihrem Verkehr bleibt als fernes Rauschen zurück. Unsere scheinbar so dicht besiedelte Heimat bietet Gehenden über-raschende Freiräume. Das gilt sogar für den nahen Umkreis der Großstädte.

Lange Tageswanderungen und Wanderausflüge mit Übernachtung Einen besonderen Reiz hat es, für längere Zeit in eine Landschaft einzutauchen. Es reicht schon, wenn Sie früh am Tag von zu Hause starten und spät zurückkehren. Dazwischen können im Sommer gut und gern zehn bis zwölf Stunden im Gelände liegen (Ruhezeiten eingeschlossen). Eine schöne Erfahrung, allein schon weil wir beobachten können, wie sich die Landschaft mit dem Sonnenlicht verändert. Und weil Morgen und Abend sehr spezielle Stimmungen verströmen. Dabei versteht sich von selbst, dass wir mehr Proviant, Wasser und Kleidung mitnehmen müssen, wenn wir zu solch einer großen Tour aufbrechen.

Noch spannender wird es, wenn wir die Wanderung mit einer Übernachtung verbinden. Wir fahren am Samstagnachmittag los, übernachten nach drei, vier Stunden Weg, und gehen am nächsten Tag noch mal so lange. Mir kommt eine Landschaft immer besonders nahe, wenn ich in ihr geschlafen habe: Idealerweise unter freiem Himmel oder im Zelt, aber ebenso gut in einem »Fremdenzimmer« (so heißt das wirklich noch vielerorts), einer Alpenhütte oder einer Pension. Ich lerne mehr über die Gegend, spreche mehr mit denen, die dort leben, kann den Wirten beim Frühstück ein Loch in den Bauch fragen. Wenn ich dann wieder in die Stadt komme, ist mir, als ob ich weit gereist wäre. Dabei waren es oft nur 25 Kilometer bis zum Startpunkt der Wanderung.

Wandern im Gebirge und Hochgebirge Wenn Sie von einem schönen Ort aus mehrere Tageswanderungen hintereinander machen, sind Sie offensichtlich schon mitten in einem Wanderurlaub. Dafür fahren viele, die gern gehen, ins Gebirge. Der Schwarzwald ist dann gerade noch steil genug, besonders attraktiv sind Hochgebirge wie die Alpen, die Pyrenäen oder der italienische Appenin, ganz zu schweigen vom Trecking im Himalaya. Offensichtlich finden wir in die Tiefe gestaffelte Landschaften, wie das Hochgebirge sie bietet, ganz besonders schön.

Tatsächlich macht das Hochgebirge etwas mit uns. Seit unsere Vorfahren in der Romantik des frühen 19. Jahrhundert

den Zauber der Berge neu entdeckt haben, können wir sogar Fels und Eis etwas abgewinnen. Sie erscheinen uns Mitteleuropäern nicht mehr nur drohend und unzugänglich, wie vielen Generationen zuvor, sondern geradezu überirdisch schön, erhaben und rein. Dabei vergessen wir dann gern, dass das immer noch tendenziell lebensfeindliche und gefährliche Zonen sind, in denen der Mensch sich an Spielregeln halten muss. Sonst kann er dort nicht einmal im Sommer lange überleben.

Eine Hochgebirgswanderung für einen oder zwei Tage ist also etwas völlig anderes als ein Ausflug im Flachland oder im Mittelgebirge. Die Ausrüstung muss auf Temperaturstürze und Gewitter eingestellt sein, Karten und gute Vorbereitung sind ein Muss, Proviant wird wichtig, damit der Körper auch bei unerwarteter Belastung noch verlässlich funktioniert. Trotz Seilbahnen, Alpenhütten und Almwirtschaften bleibt eine Hochgebirgswanderung immer ein Abenteuer. Was auch ihren besonderen Reiz ausmacht: Im Hochgebirge verlassen wir das Bekannte und den sicheren Boden, dafür erleben wir einzigartige Momente im Kontakt mit einer machtvollen Landschaft.

Zurück im Tal: Das Ende einer Weitwanderung

Gestern sind wir über die Grenze gegangen. Italien! Es hat uns mit Weintrauben begrüßt und alten Wegen zwischen Bruchsteinmauern, schließlich mit einem Cappuccino auf der Piazza einer Kleinstadt.

Dann hat sich das andere Italien in den Vordergrund gedrängt: starker Verkehr, brüllende Motoren, am Ende sind wir an verlassenen Fabriken entlang gewandert, schnurgerade und ein bisschen verloren durch ein weites Tal, das dem Auge wenig bot.

Erst jetzt, am frühen Morgen, kommen wir wirklich an in diesem Land, finden wir einsame Wege durch intakte Dörfer und schließlich einen alten Pilgerpfad, der sich am Fuß einer Bergkette entlangschlängelt. Bald kommt ein erster kleiner See in Sicht, ein Vorgewässer unseres Ziels, des Comer Sees.

Stehen
bleiben –

was für ein befremdlicher
Gedanke.

Von Bayern aus über die Alpen bis zum Comer See – das war der Plan. Zwei Wochen sind wir durch Landschaften gegangen, die verschiedener kaum hätten sein können. Schneefelder im starrenden Fels, das Sattgrün breiter Hochtäler. Und nun, zum Abschluss, weite Blicke auf eine Seenlandschaft im mediterranen Klima. Blumenpracht, traumhafte Rastplätze, mittelalterliche Kapellen. Italien!

Vor lauter Schauen und Schwelgen vergessen wir, die Karte zu lesen. Und stehen plötzlich am Ufer des kleinen Sees. Es stellt sich heraus, dass er uns den Zugang zu unserem Ziel versperrt. Links und vor uns Wasser, rechts senkrechte Felsen. Kein Fußweg führt von hier weiter zum Comer See. Wir hätten schon lange zuvor auf einen Bergpfad abbiegen müssen, um dann viele hundert Höhenmeter aufzusteigen und sehr lange wieder hinab. Stattdessen haben wir uns im alten deutschen Traum vom idyllischen Süden verirrt.

Ein Mann sitzt an der Kapelle und liest Zeitung. Wir erzählen ihm von unserem Missgeschick und er versteht schnell: Natürlich wird er uns mitnehmen in seinem Motorboot. Und so enden über 200 Fußkilometer mit ein paar gischttrunkenen Minuten. Auf knallblauem Wasser schnellen wir dahin, umweht vom warmen Wind des Südens. Und da ist er auch schon, der große See, das ersehnte Ziel. Mit einem eleganten Schwung verlassen wir die Vorgewässer, schon gleiten wir auf dem Comer See dahin.

Wunderbar, aber zu schnell. Den Rest des Tages gehen wir wie benommen am Ufer entlang, als fehlte uns ein Stück Erinnerung. Als sei der Körper verstimmt, weil wir ihn um einige Kilometer betrogen hätten. Erst am nächsten Morgen, als wir hoch hinauf in die Berge über dem See gehen und in der Ferne sehen, wo wir gestern ins Boot gestiegen sind, renkt sich alles wieder ein.

Gehen, immer weitergehen, über Berg und Tal, jeden Tag. Das Ende einer Weitwanderung kommt selten von innen. Unterwegs ist Gehen zur Mitte des Seins geworden, Sinn und Zweck in sich selbst. Stehen bleiben – was für ein befremdlicher Gedanke.

Weitwanderungen Weitwandern bedeutet: mindestens eine Woche zu Fuß unterwegs sein, von Quartier zu Quartier. Dabei kommt man selbst im Hochgebirge ein gutes Stück voran, mindestens etwa 70 Kilometer, im Flachland können es auch 170 Kilometer und mehr pro Woche werden. Zeitlich gibt es praktisch keine Grenze nach oben. Die meisten gehen höchstens vier Wochen, aber manche sind Jahre unterwegs.

Ich treffe erstaunlich viele Menschen, die gern gehen, sich aber keine Weitwanderungen zutrauen. Sie fürchten, dass ihr Körper da nicht mitmachen würde, dass sie das nötige Gepäck nicht tragen könnten. Sie sehen keine Chance, sich für ein paar Wochen oder Monate von allem freizumachen und einfach loszugehen. Nachdem ich es ein paar Mal ausprobiert habe, scheint mir solch großer Respekt vor Weitwanderungen unnötig. Es ist wie mit vielen Dingen: Man muss einfach anfangen, um herauszufinden, was möglich ist. Also losgehen.

Beeindruckt hat mich eine Frau Mitte 30, die ich einmal im Hochsommer auf einem Weg zwischen Lüneburg und Lübeck traf. Sie zog einen kleinen Rollwagen mit aufgeschnalltem Rucksack hinter sich her und war schon fast vier Monate unterwegs, kreuz und quer durch Deutschland, über 2000 Kilometer, allein. Sie wollte hinauf zur dänischen Grenze – aber nicht, um dort anzukommen und dann nach Hause zu fahren. Im Gegenteil, sie wollte auf anderen Wegen wieder zurück nach München gehen. Es würde mich nicht wundern, wenn sie bis zum Herbst über 5000 Kilometer geschafft hätte.

Das Besondere an Weitwanderungen ist: Der Körper stellt sich erstaunlich schnell auf die Anforderungen ein. Wenn nicht gesundheitliche Probleme auftauchen, ist man nach ein paar Tagen eingelaufen – der Körper hat die Botschaft verstanden, dass es jetzt anders zugeht als im Alltag. Weitwanderer berichten unisono, dass sich ein natürliches Bewegungs-

Weitwanderungen
geben Kraft

und führen die Gehenden

auf ihren Kern zurück ...

bedürfnis einstellt. Weitergehen wird von der selbst auf erlegten Pflicht zur Lust. Längere Pausen und Ruhetage sind dann gar nicht mehr so attraktiv und nötig, wie es vor dem Aufbruch schien.

Komplett überrascht war ich davon, wie mein Körper binnen weniger Tage lernte, sich in einem enormen Tempo zu regenerieren. Am Abend noch fühlte ich mich erschöpft und komplett ausgepumpt – als könnte ich am nächsten Tag keinen Schritt mehr tun. Am Morgen gab es nur noch einen Gedanken: Weitergehen! Und der Körper jubelte förmlich, als es endlich losging.

Da die körperlichen Hürden niedriger sind als viele vermuten, vertieft sich die geistig-seelische Erfahrung des Gehens. Weitwanderer berichten, dass sich die Wahrnehmung nach innen und außen noch einmal verdichtet – zu einem »Prozess zunehmender ganzheitlicher Selbstwahrnehmung«. So nennt es die Psychologin Andrea Deisen nach Interviews mit Wanderern, die viele Tage einsam gegangen waren.

Weitwanderungen sind in der Tat eine sehr intensive Erfahrung mit manchmal lebensverändernder Wirkung. Sie stellen die Gehenden quasi auf null: Geist und Körper konstitu-ieren sich neu. Oder sagen wir: So fühlt es sich an. Tatsächlich leert sich der Geist vorübergehend aus und öffnet sich für neue Sichtweisen. Zugleich fordert der Weg den Körper auf neue Weise heraus, der Gehende richtet sich innerlich auf, Muskeln und Gelenke kommen in eine andere Spannung. Ich finde es nicht verwunderlich, wenn manche Weitwanderer sich wie neu geboren fühlen. Das ist ja auch der Grund, warum sich Men-schen seit Jahrtausenden auf Pilgerreisen begeben.

Weitwanderungen ermöglichen ein ganzheitliches Erleben, bei dem Körper und Geist auf eine Weise zusammen-wirken, wie wir es im Normalleben oft schmerzlich vermissen. Meine Weitwanderungen sind Marken auf meinem Lebensweg; noch nach Jahren weiß ich genau, wie einzelne Situationen – beglückend oder gefährlich – sich angefühlt haben. Weit-wanderungen geben Kraft und führen die Gehenden auf ihren Kern zurück; auf das, was sie jenseits von Beruf, Familie und

Alltag noch sind: Geschöpfe aus Fleisch und Blut mit ureigenen Bedürfnissen und Ausdrucksformen.

Kein Wunder also, dass zurzeit so viele Bücher über Weitwanderungen erscheinen. Die Wege und Buchkonzepte werden dabei immer komplexer, haben aber erstaunlich oft mit dem alten Italien-Mythos zu tun: Über die Alpen Richtung Rom ... Goethe, Heine und die Romantiker haben es vorgemacht. So sehr sich die Grundideen solcher Wanderbücher inzwischen ähneln, so brillant sind sie dann doch oft geschrieben. Sie lesen sich bestens als Inspiration für eigene Weitwanderpläne.

Steilküste: Schauen und noch mehr schauen

Sonne, starker Wind und Seegang. Vor uns ein Traumpfad für alle, die gern auf der Kante gehen. Ein Steilküstenpfad, immer an der Klippenkante entlang, der Inbegriff des Genusswanderns: ganz weit draußen und doch noch an Land sein, Segeln zu Fuß.

Wir haben das Auto irgendwo an der Westküste des südlichsten Zipfels von Cornwall abgestellt und sind einfach losgegangen, ohne Plan, ohne Ziel. Wenn es einen Weg gibt, den man quasi an jeder Stelle betreten und auf dem man immer eine erfüllte Zeit erleben kann, dann ist es der South West Coast Path in Cornwall.

Wir sind ein, zwei Stunden gegangen, längere Passagen davon direkt oben an der Abbruchkante. Der Wind zerrte an unseren Haaren, Böen rüttelten uns durch, aber ebenso sorgten sie für ganz großes Naturkino: Sie trieben mächtige Atlantikwogen auf die Felsen, über denen wir standen. Weißer Schaum, dumpfer Donner, Regenbogengischt. Anschwellen und Abschwellen, Geben und Nehmen. Das Weltberühmte am Südwest-Küstenpfad ist eben dies: Man kann den schmalen, fintenreichen Weg sicher gehen und doch steil hinab in die Gischt schauen. Zugleich wandert der Blick immer wieder landeinwärts, über sattgrüne,

sanft geschwungene Wiesen und Felder. Cornwall bringt das Kunststück fertig, dem Gehenden zugleich ruppig und mild zu begegnen.

Himmel, Erde und Meer, sie gehen hier ineinander über. Wir wollen uns in dieser anbrandenden Schönheit nicht verausgaben, wir wollen vor allem schauen. Den passenden Rastplatz finden wir östlich einer kleinen Bucht. Die Mittagssonne im Gesicht, halbwegs windgeschützt, machen wir es uns im Gras bequem. Vor uns die Brandung, Felsen, darüber der strahlend weiße Leuchtturm von Lizard Point.

Gehen und Ruhen waren eins an diesem Tag. Wer würde einen solchen Traumpfad auf Strecke gehen, nur Meilen machen wollen? Aber ohne ein paar Stunden Gehen wäre auch die Rast nur halb so schön, die wohlige Mattigkeit würde fehlen. Wir haben die richtige Mischung gefunden und sehen leichten Herzens in die Weite.

Tee schmeckt hier wie feiner Wein, Brote wie Braten, Kekse wie Kuchen. Es sind nicht die Speisen, die wir schmecken, es ist die Landschaft. Es ist die Zeit, die wir uns nehmen, um jeden Eindruck genussvoll kommen und gehen zu lassen. Und zu staunen, ausführlich und mit allen Sinnen.

Ich denke an andere Pausen, solche in weniger expressiver Landschaft, irgendwo am Rand einer Wiese, auf dem Stumpf einer gefällten Weide. An die Stille dort, die manchmal, wenn ich weit genug von allen Straßen weg bin, als akustisches Nichts auftritt. Was sich dann aber rasch als Täuschung erweist: Es gibt immer Geräusche in der Umgebung. Der Wind in den Blättern, das wispernde Gras, Wasser plätschert, irgendwo weit weg ein Motor, ein Kalb ruft, ein Flugzeug hinterlässt diffuses Rauschen. − Und immer, sobald ich auch nur ein paar Minuten sitze, gibt es um mich herum eine Bewegung, fast unmerklich. Solange ich ging, haben Vögel und Tiere mich bemerkt und gemieden. Wenn ich dann still sitze, können sie mich nicht mehr so leicht orten. Ich sehe Raubvögel bei der Jagd, Dohlen oder Schwalben im Formationsflug, Kaninchen in den Wiesen, Hasen im Stoppelfeld und manchmal sogar ein Reh, die sich alle unbeobachtet glaubten. Dazu Bewegungen im Gras: Hier landet eine Fliege, da krabbelt ein Käfer akrobatisch am Halm, dort seilt sich eine Spinne ab.

Wunderbar, solche Pausen im Nichts. Aber an diesem Sommermittag in Cornwall, hoch über der tosenden Brandung, würde ich nicht tauschen wollen. Dieser Landschaft zu begegnen ist ein Glück für mich, für uns. Wir schauen und dösen und reden. Es wird nicht langweilig, es wird nicht kalt.

Bis heute habe ich ein Bild sofort vor Augen, das wir damals in uns aufnahmen: das türkisfarbene Meer, das Weiß des Meerschaums und des Leuchtturms. Das Leuchten in den Augen meiner Wandergefährtin, die heute meine Frau ist. Es ist der Urlaub, in dem wir das gemeinsame Wandern entdecken.

Der Landschaft begegnen

Was mir da in den Wanderpausen begegnete, hat Nan Sheperd, eine Pionierin der Nature Writing-Bewegung, einmal »The Living Mountain« genannt, frei übersetzt: »die lebendige Landschaft«. Selbst wenn eine Landschaft nicht so überwältigend schön und vital ist wie die Küste von Cornwall, selbst wenn sie auf den ersten Blick karg aussieht: Nichts ist leblos, nicht einmal der Boden unter unseren Füßen, nicht einmal das Gestein. Alles ist geworden, alles ist Bewegung, alles ist in einem ganzheitlichen Sinne lebendig. Und wenn ich mich darauf einlasse, dann bin ich mittendrin, Leben inmitten von Leben.

Momente der Resonanz, sagt der Soziologe Hartmut Rosa dazu. Natur und Landschaft waren über viele hunderttausend Jahre ein wesentlicher Resonanzraum für unsere Vorfahren: Sie verstanden, die Signale ihrer Umgebung für sich zu

Gehen

bringt uns
aus dem kontrollierten
Denken

in eine vertiefte
Aufmerksamkeit –

eine besondere
Wachheit.

lesen und sich damit in ihrer Welt zu verorten. Das gab ihnen die Kraft für ihr hartes und kurzes Leben.

Einen kleinen Kraftschub können auch wir erleben, wenn wir für einen Moment absteigen vom hohen Ross des Menschseins und uns als ein Lebewesen unter vielen Lebenwesen wahrnehmen. Draußen gehen öffnet Körper und Geist für solche Erfahrungen. Aber: Nicht um eine mystische Gottessuche geht es dabei, auch nicht um romantische Verschmelzung mit der Natur. Es geht um die Begegnung zweier Subjekte. Die »lebendige Landschaft« beginnt da, wo wir – wenigstens für Momente – aus unserem Lebensstil des Ressourcenverbrauchs und der verzweckten Natur heraustreten und uns dem stellen, was außer uns lebt und weiter leben will.

Im Dialog mit der Landschaft

Was aber ist das für eine Begegnung? Ich könnte gut verstehen, wenn Ihnen der Begriff Resonanz noch zu abstrakt erscheint. Tritt uns da jetzt »die Natur« entgegen zum munteren Zwiegespräch? Nein, »die Natur« gibt es nicht. Hier in Mitteleuropa ist das Allermeiste Kultur, von Menschen gemacht. Sprechen wir doch lieber von der Landschaft. Zudem äußert sich die Landschaft nicht berechenbar, es gibt keinen Wortwechsel, keine Ansagen, keine messbaren Signale.

Landschaft ist nur da; wir können ihr begegnen, wenn wir aufmerksam sind. Aufmerksam, nicht achtsam. Mir gefiel der Begriff »Achtsamkeit« anfangs gut, inzwischen ist er von der Selbstoptimierungsindustrie gekapert und verzweckt worden. Achtsamkeit ist heute für viele ein Programm, das sie angestrengt zu erfüllen versuchen. Ähnlich einer spirituellen Übung. Der Geist soll die Aufmerksamkeit so steuern, dass er allen Versuchungen der vorschnellen Bewertung widersteht und sich wirklich öffnet für Menschen und Situationen.

Mir kommt da der Körper zu kurz. Achtsamkeit setzt vor allem auf kontrollierte Bewusstheit. Gehen hat den Vorteil, dass der Körper uns hilft und wichtige Vorarbeit leistet. Er öffnet das Bewusstsein, ohne es zu kontrollieren. Gehend

entsteht ganz von allein eine erhöhte Aufmerksamkeit für unsere Umgebung, das ist ein uns eingebautes Programm und war bis vor ein paar Jahrhunderten überlebenswichtig. Gehen bringt uns aus dem kontrollierten Denken in eine vertiefte Aufmerksamkeit, eine besondere Wachheit. Das ermöglicht uns den Dialog mit der Landschaft.

Landschaft ist hier ein Sammelbegriff für Relief, Wegbeschaffenheit, Wetter, Flora und Fauna. Gehen öffnet uns dafür, all das wahrzunehmen, es lässt uns gar keine Wahl. Wir würden stolpern, frieren, Durst leiden oder uns verlaufen, wenn wir diese Wahrnehmungen unbeachtet ließen. Das aber tun wir nicht: Wir lassen sie an uns heran und reagieren darauf. Wir zeigen uns mit unserer Kraft und Körperlichkeit, mit unseren Einschätzungen zur Situation, mit unseren Entscheidungen. Im Gehen setzen wir uns mit der Landschaft auseinander – nur leider stimmt das Bild »setzen« hier nicht. Auch wenn es merkwürdig klingt: Wir gehen uns mit der Landschaft auseinander.

Die Landschaft ist dabei nur scheinbar ein passiver Partner. Sicher, sie ist, wie sie ist, sie meint niemals uns als Person. Aber sie ist zugleich höchst lebendig und gibt uns vielfältigen Anlass, auf sie zu reagieren. Wenn wir sie als aktives Gegenüber verstehen, wenn wir sie wirklich erleben wollen, dann entsteht tatsächlich ein Dialog. Und zwar einer, der – wie ein gutes Gespräch unter Menschen – etwas bewegt in uns.

Auf dem Pass: Frieren im Nebel

Bei Sonnenschein und 28 Grad sind wir gestartet. Blauer Himmel überm Allgäu. Und ein paar dunkle Wolken. Es ist Anfang September und wir haben einen Bombensommer hinter uns, monatelang nur T-Shirt und Shorts getragen. Wir geben uns Mühe, aber wir können uns nicht vorstellen, wie es da oben sein wird, dort, wohin wir wollen. Natürlich haben wir warme Kleidung dabei. Aber obwohl das erste Gewitter naht, fragen wir uns ernsthaft, ob all die Ausrüstung nicht überflüssig sein wird für eine Alpentour im warmen Frühherbst.

Die erste Tagesetappe führt uns in maßvoller Höhe von rund 1700 Metern über die Kette der Allgäuer Alpen. Was soll da schiefgehen? Doch diese Wanderung wird zu einer Landschaftsbegegnung der drastischen Art.

Wir sind noch keine fünf Stunden unterwegs, da haben Dauerregen, Wind und Höhenkälte uns nahezu schockgefroren. Wasser läuft von außen an uns herunter, und bei meinem Wandergefährten, dem jetzt eine Regenhose fehlt, in die Schuhe. Hinzu kommt, dass wir unter unseren Capes unablässig schwitzen. Man kann diesen Weg an diesem Tag nicht gehen, ohne komplett durchnässt zu werden. Darauf kommt es aber gar nicht an. Worum es eigentlich geht, ist, nicht auszukühlen. Das verstehen wir erst hinterher.

Optisch macht sich die Landschaft rar an diesem Tag. Wir sehen kaum hundert Meter weit. Bei klarem Himmel muss es dort überwältigend schön sein. Wir aber stapfen in tiefhängenden Wolken hinauf zur Passhöhe, stoßen auf einen wegen Erdrutsch gesperrten Weg, müssen ausweichen über einen zweiten Pass. Doch trotz der rauen Begrüßung will etwas in uns noch nicht wahrhaben, dass dieser Wettersturz kein Spaß ist.

Wir merken es erst, als mein Gefährte zu zittern beginnt. Er ist nach einer Pause komplett ausgekühlt, plötzlich geht nichts mehr. Er hat Pullover, Handschuhe und Mütze dabei, aber sie stecken tief im engen Schlauch seines Rucksacks. Mit seinen zittrigen Fingern kann er sie weder finden noch rausholen. Das hätte viel früher passieren müssen, vielleicht schon im Tal. Da aber waren wir beide noch nicht im alpinen Herbst angekommen.

Für einen Moment packt uns Kälte-Panik. Minutenlang müssen wir den Rucksack im Regen auspacken, dann haben wir alles beieinander, am Ende auch eine

Mütze und die Fingerhandschuhe. Doch er kann sie nicht anziehen, die Finger sind steif, kraftlos und schmerzen bei jeder Berührung. Weitere lange Minuten dauert es, bis wir weitergehen und versuchen können, unseren Rhythmus wiederzufinden, uns warmzulaufen. Minuten, in denen nicht viel fehlt, dass einer von uns beiden, ausgekühlt wie wir jetzt beide sind, einen falschen Tritt tut und mit schwerem Rucksack unglücklich stürzt. Der vor uns liegende Abstieg von 400 Höhenmetern auf steilem, steinigem Weg – normalerweise keine Herausforderung – wirkt bedrohlich.

Irgendwann, endlich, kehrte die Wärme zurück und wir gehen sicherer. Dennoch haben wir im Tal genug von diesem Regentag. Wir sind nicht zu stolz, für das letzte Wegstück einen Bus zu nehmen, der gerade vorbeikommt.

Die Landschaft wollte uns nichts lehren, aber wir haben doch etwas gelernt: aufmerksamer sein, früher reagieren; nicht abwarten, was als nächstes passiert. Dass der Rest der Tour quasi problemfrei verläuft, haben wir auch diesem eiskalten Auftakt zu verdanken.

Wege und kreative Prozesse

Sich gut vorbereiten, wohlgemut aufbrechen, dann in Turbulenzen geraten, am Ende um einiges klüger heimkehren … Erinnert Sie das an etwas? – Genau das tun Sie dauernd. Kreative Prozesse sind wie Wanderungen: Sie können nie vorab komplett planen, Sie erleben trotz aller Erfahrung immer Überraschungen, Sie geraten in schwierige Situationen, Sie lernen jedesmal dazu.

Gehen weist erstaunliche Parallelen zu dem auf, was wir dauernd tun – und tun müssen, nämlich uns in kreativen Projekten bewähren. Sie sind wie unbekannte Wege durch schwieriges Terrain. Je länger ich mich mit beidem beschäftige, kreativen Prozessen und Wegen, desto deutlicher tritt diese Ähnlichkeit für mich zutage.

Zwischen Euphorie und Angst

Der Start eines kreativen Prozesses ist immer eine zwiespältige Sache. Einerseits gibt es meist erste, spontane Ideen und die große Lust, mehr davon zu produzieren; manchmal stellt sich sogar eine kurze Phase der Euphorie ein. Vieles, wenn nicht alles, erscheint machbar. Andererseits zeigt sich bald, dass es so einfach nicht ist. Die Euphorie verfliegt, das Denken wird langsamer, Bedenken brechen sich Bahn. Und noch bevor etwas Brauchbares auf Papier oder Bildschirm zu sehen ist, ist sie schon da, zumindest im Hintergrund: die Angst vor der Leere. Das leere Indesign- oder Textdokument entwickelt eine traurige Aura. Plötzlich klafft eine Lücke zwischen den hübschen Skizzen und einer ernsthaften Realisierung, die auch gegen kritisches Feedback bestehen kann.

Wer jetzt nicht Mittel und Wege (!) kennt, um sich geistig beweglich zu erhalten, hat es schwer. Erfahrene Kreative helfen sich zum Beispiel so: Sie hören zuerst mal damit auf, den Bildschirm oder das Blatt anzustarren. Sie machen etwas anderes, sie bewegen sich im Büro oder gehen raus; sie lassen den Bildschirm stehen und zeichnen oder schreiben mit der Hand; sie erlauben sich, weiter Unfertiges zu produzieren, statt sich unter einen Zwang zur Qualität zu setzen; sie bitten Vertraute um ein Gespräch, bei dem sie – zunächst stockend – wieder ins flüssige Reden und Denken kommen.

Welche Techniken Ihnen in solcher Lage helfen, das wissen Sie selbst am besten. Ich bin überzeugt: Wer auf Dauer von seinen Ideen leben will, braucht einen persönlichen Erste-Hilfe-Koffer, in dem er solche Techniken für den Notfall bereithält. Wichtig ist, dass der Koffer fertig gepackt bereitsteht, damit Sie, wenn die kleine Krise da ist, nicht überlegen müssen, was jetzt zu tun wäre. Sondern einfach loslegen können.

Draußen gehen ist eine solche Technik, ein Hilfsmittel in Momenten der Desillusionierung und der einsetzenden kreativen Blockaden. Viele Schriftsteller und Denker haben sich dazu bekannt, mehr, als ich in diesem Buch zitieren kann. Friedrich Nietzsche hat es als eindringlichen Appell formuliert:

»So wenig als möglich sitzen; keinem Gedanken Glauben schenken, der nicht im Freien geboren ist und bei freier Bewegung, in dem nicht auch die Muskeln ein Fest feiern.«

Vielleicht funktioniert die Technik Gehen deshalb besonders gut, weil Gehen selbst in gewisser Weise eine Parabel zu kreativen Prozessen ist. Auch Geh-Wege warten mit Schwierigkeiten und Hindernissen auf. Auch Geh-Wege nehmen manchmal einen komplizierten, unberechenbaren Verlauf zwischen Anfangs-Euphorie und Endspurt. Mal können sich die Gehenden ganz ihrer Intuition überlassen und drauflosschreiten, dann wieder müssen sie sehr nüchtern überlegen, was machbar ist und wie sie ihre Kräfte einteilen. Nur ein routiniertes Wechseln zwischen Autopilot und steuerndem Eingriff bringt uns auf schwierigen Geh-Wegen sicher ans Ziel.

Genau so fordern uns kreative Projekte heraus: Sie schicken uns auf verschlungene Pfade der Erkenntnis und der Verständigung. Wir müssen auf den Wert unserer Ideen vertrauen, uns gleichzeitig aber der Realität stellen, die uns in Form von Nutzer- oder Auftraggeber-Feedback erreicht, manchmal durch Selbstkritik und Einsicht. Wir müssen umsichtig kommunizieren und immer in Bewegung bleiben, sonst fahren wir uns fest. Gelingt uns das, dann steuern wir mit Ehrgeiz und Augenmaß am Ende ins Ziel.

Die Hindernisse und Dämonen unterwegs können wir dann wieder als das sehen, was sie sind: sinnvolle Warnhinweise. So steckt hinter der Angst vor der Leere eine hilfreiche Vorkehrung unseres Hirns: Wir sollen nicht allzu leichtsinnig ins Blaue denken, assoziativ abdriften, wir sollen auf dem Teppich bleiben und Qualität abliefern. Genau wie unser Risikobewusstsein beim Gehen hilft uns die Angst vor der Leere, sicher ins Ziel zu kommen.

Vom Mut, unterwegs alles neu zu denken

Damit ein Entwurf, eine Gestaltung, ein Text wirklich gut wird, braucht es ein gewisses Maß an Planung und Disziplin, manchmal ist ein vorgefertigtes Raster nützlich – eine bewährte

Glauben Sie

nicht
an irgendeine Idee,

die nicht

an der frischen Luft

und aus der
freien Bewegung
geboren wurde.

Friedrich Nietzsche

Lösung, mit der Sie schon ähnliche Probleme gelöst haben. Aber genauso braucht es die Bereitschaft, all das beherzt über Bord zu werfen und einer völlig neuen Idee zu folgen – oder eine längst verworfene doch wieder aufzunehmen.

Genau das ist es, was mich an einer Wanderung am meisten fasziniert: Ich muss sie gut vorbereiten und umsichtig angehen, aber ich kann nie vorausahnen, was mir unterwegs begegnen wird. Wetterkapriolen, Matsch und Steinschlag, in die Irre laufen, interessante Leute treffen, etwas Wichtiges am Rastplatz liegen lassen, plötzliche Schmerzen. Es gibt nichts, was es auf einem anspruchsvollen Weg nicht gibt. Ich habe gar keine Wahl, als mich dem zu stellen und das Beste aus der Situation zu machen.

Gehen trainiert also den Mut, immer wieder neu zu denken. Genau den brauchen wir bei der Arbeit. Dauernd. Wir trauen uns, alles hintanzustellen, das wir vor kurzem noch richtig fanden; wir akzeptieren Widersprüche; wir lernen aus Fehlern. Der Mut zum Neu-Denken öffnet uns Türen, die Strukturfetischisten, Rechthabern und Kleingeistern verschlossen bleiben. Solange wir uns bewusst sind, dass kreative Projekte allerlei Wetterumschwünge, Überraschungen und Gefahrensituationen durchlaufen werden – genau wie längere Wanderungen –, solange wird uns all das nicht erschüttern. Im Gegenteil, wir wissen, dass es so kommt und reagieren angemessen.

In den Bergen: Traumpfade und Katastrophen

Der Weg, den wir an einem Spätsommermorgen unter tiefblauem Himmel betreten, wird in jedem Wanderführer gerühmt. Eine sehr besondere Gegend, das Bergell in der Südostschweiz, ein fantastischer Panoramaweg – das ist der Tenor aller Beschreibungen. Kann ein Bergpfad, kann eine Landschaft wirklich so schön sein?

Dann ist alles noch viel schöner. Der Himmel strahlt über einer bezaubernden Bergwelt. Wir gehen stundenlang in einer Höhe von vielleicht 1600 Meter

auf einem schmalen, gewundenen Weg. Das Beste ist, dass dieser Weg zu großen Teilen Lichtungen und Almen quert. So gehen wir wie auf einer kilometerlangen Aussichtsterrasse dahin.

Das Bergell ist ein Trogtal, das in Ost-West-Richtung verläuft. Unsere Geh-Terrasse liegt am Nordhang, wir schauen also permanent auf die Südseite des Tals, und dort auf eine mächtige, teils schneebedeckte Gebirgskette, aus der die Felswände des Piz Badile und des Piz Cengalo hervorstechen. Schon nach kurzer Zeit habe ich ein selten erlebtes Gefühl von Fülle. Diesen Tag werde ich nicht vergessen. Dankbarkeit stellt sich ein: dass diese Landschaft uns hier unbehelligt gehen lässt, heiter und gefahrlos mit Blick auf hochalpine Schönheit.

Da fällt es mir wieder ein. Ein Jahr zuvor habe ich in einer Schweizer Zeitung gelesen, dass es einen mächtigen Bergsturz im Bergell gegeben hat und anschließend einen verheerenden Erdrutsch bis ins Tal. Ein erfahrener Wanderer hat uns wenige Tage zuvor davon erzählt: Eine mächtige Felswand war weggebrochen, von einem Moment auf den anderen. Er kannte die Gegend, er wusste, dass damals acht Bergsteiger umgekommen waren – diejenigen nämlich, die am Unglückstag als erste von einer Alpenhütte ins Tal gestartet waren. Andere, die sich Zeit ließen an jenem Morgen, der so blau wie unserer war, sahen entsetzt zu, wie eine Bergwand zu Tal stürzte.

Mitgefühl mischt sich in meine Begeisterung. Schönheit und Schrecken schließen sich nicht aus. Diese Landschaft steht für beides. Wie gute Musik kann sie widersprüchliche Gefühle vermitteln, Leichtigkeit und Schwere. Dabei ist die Landschaft weder gut noch böse, sie ist sie selbst. Wir Menschen tun gut daran, sie niemals nur als das eine zu sehen: nur gut oder nur böse, nur schön oder nur gefährlich. Was bleibt, ist Respekt. Und der Wunsch, genau diese Landschaft immer wieder zu durchwandern.

Wir brauchen ein Gegenüber

Aus den Fallstricken kreativer Prozesse können wir uns mit Geschick und Erfahrung immer wieder befreien. Aber, seien wir ehrlich, das schaffen wir nur selten allein. Kreative Krisen enden am schnellsten durch gutes, ehrliches, zugleich einfühlsames Feedback. Leute, die uns unsere Leistung vor Augen führen und uns beruhigen: »Das ist machbar so, das kannst Du doch vorzeigen, dieses Detail ist wirklich gelungen.« Die aber zugleich sagen: »Das hier kannst Du nicht so lassen.« Ein Hoch auf alle Kolleginnen, Partner, Projektmitarbeiter, Auftraggeberinnen, die fähig zu diesem Balanceakt sind!

Wenn wir draußen gehen, gibt die Landschaft uns Feedback. Sie zeigt uns, wenn wir uns zu viel vornehmen, wenn wir Sonne oder Regen unterschätzt haben, wenn wir falsch gekleidet sind oder zu wenig zu essen mithaben. Das Besondere daran ist: Das Feedback der Landschaft ist für uns oft schwer zu verstehen. Es wäre gut, wenn wir die ersten Anzeichen bemerken und entschlüsseln würden.

Wenn ich an einem Sommernachmittag auf freier Fläche oder in den Bergen gehe und Gewitterwolken ignoriere, bekomme ich ein Problem. Ich versuche also, dunkle Wolken zu ahnen, noch bevor sie hinter einem Bergrücken aufziehen. Genau so wie ich frühzeitig herausfinden muss, ob es unterwegs Trinkwasser gibt.

Dazu muss ich reden, Begegnungen suchen und nutzen: Wer mit anderen Gehenden, mit Einheimischen, Gastwirten und Hüttenwarten spricht, bekommt Infos und Tipps. Das hilft, in Kontakt zu bleiben mit der Umgebung, sich nicht ganz in eine Innenwelt zurückzuziehen. Geh-Wege vertragen Abschottung genauso wenig wie kreative Projekte. Was beide brauchen: Wache Umschau und Interesse an Information und Feedback – auch wenn es dann gerade nicht ins eigene Programm passt.

Von der Unberechenbarkeit allen Erfolgs

Sie werden schon erlebt haben, dass Sie für harte Arbeit und den unbedingten Willen zum Erfolg belohnt worden sind – vielleicht mit einem sehr guten Feedback von Kollegen und Chefs, mit einem Anschlussauftrag oder einer Auszeichnung. Aber konnten Sie sich mitten im Projekt sicher sein, dass das dabei herauskommen würde? Wahrscheinlich nicht. Sie haben Ihren Teil getan und dann ist alles gut gelaufen.

Genauso ist es beim Draußen gehen. Sie hängen sich ordentlich rein, treffen die richtigen Entscheidungen – und dann zeigen Ihnen der Tag und der Weg, wie die Sache ausgeht. Wenn es ein wunderbarer Wandertag mit Traumpanoramen und Sonnenschein geworden ist, dürfen Sie sich glücklich schätzen. Wenn nicht, hatten Sie Gelegenheit, ein bisschen Demut zu lernen.

Demut ist zentral für beides. In der Landschaft mahnt sie uns, Maß zu halten und anzuerkennen, dass es Kräfte gibt, die stärker sind als wir. Mitten im harmlosesten Flachland können wir neuerdings in Starkwinde und sogar lokale Tornados geraten. Zu schweigen von der Vernichtungskraft, die plötzlich anschwellende Bergbäche in sich tragen.

Demut bei der Arbeit heißt: Jenseits unserer Ideen, unserer Energie und Erfahrung gibt es etwas, das wir nicht erzwingen können. Sie können sich noch so anstrengen, manchmal läuft es anders, als Sie es sich wünschen. Erfolg ist nie selbstverständlich, sondern immer auch ein bisschen Geschenk. Die Brechstange hilft selten in kreativen Prozessen. Diese Botschaft mag enttäuschend klingen, aber es steckt auch eine Portion Erleichterung darin.

Das zeigt uns ein Blick in die Geschichte des Wanderns: Das ganze 20. Jahrhundert hindurch war es selbstverständlich, Strecken zu bezwingen und den inneren Schweinehund beim Gehen niederzukämpfen. In Berichten über Wanderungen lebte Kriegsrhetorik auf und fort. Sie setzte voraus, dass die Gehenden nur mutig genug voranstürmen müssten – ohne Rücksicht auf sich und andere –, um am Ende den Sieg davonzutragen, den Sieg über sich selbst und die Landschaft. Was für ein Segen, dass wir heute eine neue (und zugleich sehr alte) Art der Naturbegegnung entdecken dürfen!

Sich wirklich auf eine Landschaft – und auf sich selbst in der Landschaft – einzulassen, das ist eine Herausforderung der ganz anderen Art. Wenn wir draußen gehen, ergeben sich Situationen, in denen wir den eigenen Ehrgeiz zügeln müssen. Aber gerade dies kann eine wertvolle Erfahrung sein. Robert Macfarlane schildert, wie er eine geplante Klettertour in den schottischen Bergen schon am Einstieg abbricht. Er spürt, dass es nicht richtig ist, was er vorhat. Der Fels sagt Nein, zumindest an diesem Tag. Aus dem Scheitern wird jedoch eine wichtige Facette seiner Erfahrung mit dieser eigenwilligen Landschaft.

Nicht jeder Pitch ist der richtige, nicht jedes Projekt muss zu Ende gebracht werden, koste es, was es wolle. Souveräner treten die Kreativen auf, die ihre Grenzen nicht nur abstrakt, sondern auch ganz praktisch erkennen – nämlich unterwegs, mitten im Geschehen. Die sich nicht auf jedem Schauplatz verkämpfen, sondern sich immer wieder neu auf das besinnen, was sie am besten können, auf den Kern ihrer Schaffenskraft.

Am Hang: Gehen wie in Trance

Zuerst ist da gar nichts: kein Aufatmen, keine Erleichterung. Dabei ist eine schwierige Situation überstanden: Jetzt wird alles gut und leicht! Aber das kommt nicht so richtig an im Hirn. Ich stehe da und denke, fühle – gar nichts.

Wir haben Mist gebaut, uns nicht richtig informiert vorher, sind einfach losgegangen, mit einer – wie wir jetzt wissen – schlechten Karte und einer Idee. Wir schaffen das schon, wir kommen irgendwie hinauf bis zu der Hütte da oben in diesem unbekannten Bergmassiv.

Dann war es schon sehr kompliziert, vom Bahnhof den richtigen Weg zu finden. Wir stiegen auf und wieder ab, landeten erst nach allerlei Wirrungen auf einem Pfad, der uns mutmaßlich hinauf Richtung Hütte führen würde. Und so ging es weiter: unklare Wegweiser, ausgesetzte, schlecht gesicherte Passagen und endlose Höhenmeter.

Es ist ein heißer Tag, wir tragen jeder über zehn Kilo Gepäck. Mit der Zeit realisieren wir, dass die Hütte höher liegt, als wir dachten, dass wir alles in allem über 1600 Höhenmeter zu gehen haben, auch für trainierte Bergwanderer ist das kein Klacks. Aber da haben wir unsere Rechnung noch ohne den Weg gemacht. Der sieht immer nur kurz nach einem normalen Wanderweg aus, im nächsten Moment wird er schwierig und ausgesetzt, mutet uns Kletterpassagen zu, will kein Ende nehmen. Zum Höllenweg wird er, als uns das Wasser ausgeht und weit und breit keins in Sicht ist. Ebenso wenig wie die Hütte.

Bergwanderer sind es gewohnt, über Erschöpfungsgrenzen zu gehen. Die meisten dieser Grenzen scheinen zunächst unüberwindlich, doch durch stures Weitergehen lässt man sie rasch hinter sich. Ich komme jetzt an Grenzen, die nicht nur unüberwindlich aussehen. Ich beginne zu zweifeln: Schaffe ich das noch? Und was, wenn nicht?

Also weitergehen, ein Fuß immer direkt vor den anderen, 30 Zentimeter geschafft, dann noch mal 30 Zentimeter. Stumpf im Kopf, schweißüberströmt, durstig. Immer den Hang hinauf. Sehe Gemsen und bin nicht sicher, ob sie wirklich da sind. Finde mich irgendwann überrascht auf der Terrasse der Hütte wieder und neben mir einen Gefährten, der nicht minder neben sich steht.

Und dann, statt der großen Erleichterung, dieses Nichts. Zuerst diese merkwürdige Bewusstlosigkeit. Ein lustloses inneres Abhaken. Okay, geschafft. Apathisch schauen wir hinunter in das tief eingeschnittene Tal unter uns, aus dem wir uns heraufgequält haben.

Bewegung

beeinflusst das,

was wir denken

und überhaupt denken können,
auf vielfältige Weise.

Später dann geht es ab in Kopf und Herz, dann veranstalten die Botenstoffe im Hirn ein Feuerwerk: Wir denken und sprechen alles noch mal durch, wir schütteln viel und heftig den Kopf: Wie kam das denn überhaupt alles? Was haben wir richtig gemacht, was falsch? Der Weg hat uns bewegt.

Wir sind einer eigenwilligen Landschaft begegnet, die es Ortsunkundigen nicht leicht macht. Die ihre Risiken verheimlicht. Wir sind ohne Schaden davongekommen. Jetzt fühle ich mich so froh und lebendig wie selten.

Aus Sicht des Hirns: Gehen hilft beim Denken

Wie funktioniert das, diese enge Verbindung zwischen Gehen und Denken? Offenbar stehen beide Aktivitäten seit der Frühzeit des Homo sapiens in einer evolutionären Wechselbeziehung. Der aufrechte Gang und unser Großhirn sind wohl in etwa gleichzeitig entstanden, und der wesentliche Sinn unserer Hirn-Entwicklung war letztlich, wie der Arzt und Hirnforscher Gerd Kempermann sagt, »Bewegung zu ermöglichen«. Weil das Hirn wuchs, konnten unsere Vorfahren sich besser in ihrer Umgebung bewegen. Und weil sie das taten, konnte das Hirn sich weiter vergrößern und spezialisieren, um immer komplexere Bewegungen zu steuern. (Darunter auch die komplexeste aller Bewegungsarten, das Sprechen.)

Es ist ein schöner Nebeneffekt, dass durch diese Wechselbeziehung zwischen Bewegung und Denken auch ein Hirn entstand, das zur Philosophie und zum Design befähigt ist. Wir heutigen Menschen können Bewegung als einen »Superfaktor« nutzen, wie Kempermann das ausdrückt: »Regelmäßige, moderate körperliche Aktivität, vom Treppensteigen bis zum Wandern und Joggen, schützt nicht nur vor Erkrankungen, sie wirkt auch stimmungsaufhellend, erfrischt Körper und Geist.«

Bewegung beeinflusst das, was wir denken und überhaupt denken können, auf vielfältige Weise. Dabei bietet Draußen gehen eine besonders günstige Konstellation. Unterwegs in der Landschaft nehmen wir über Augen, Ohren, Nase und Haut sensorische Eindrücke auf. Gehen bedeutet, dass wir diese Eindrücke direkt verarbeiten müssen, wollen wir nicht stolpern oder andere unliebsame Überraschungen erleben.

Hinzu kommt aber noch die Eigenwahrnehmung des Körpers: Sie registriert, wie die Gelenke zueinander stehen, wie die Knochen sich bewegen, die Sehnen sich spannen, was unsere Position im Raum ist. Das Hirn ist also auf Hochtouren damit beschäftigt, zu analysieren, in welcher Situation wir gerade sind und in welcher wir im nächsten Moment sein werden: Wo wird unser Fuß aufsetzen, wie balancieren wir die Gewichtsverlagerung aus, wie gut haben wir dabei die nahe Umgebung im Blick? Das Gleichgewicht zu halten und Gefahren zu meiden – allein dies aktiviert unser Hirn intensiv.

Und so erklärt sich auch, warum Walken auf dem Laufband nicht die gleiche positive Wirkung hat und haben kann: weil es keine Unebenheiten und Risiken gibt. Weil alles berechenbar ist und das Hirn wenig leisten muss. Das ist die entscheidende Frage: Wollen wir die erwünschte Entspannung und Erholung durch passives Abschalten des Hirns bewirken, wie beim Laufband-Gehen, oder durch aktives Abschalten, wie beim Draußen gehen, wo wir unser Hirn zu einer produktiven Höchstleistung herausfordern?

Hirnforscher plädieren für die Herausforderung durch Gehen in natürlicher Umgebung, weil das Hirn dort dauernd die Position des Körpers bestimmen und Situationen vorhersagen muss. Zudem folgt das Gehirn offenbar einer gewissen Taktfrequenz und deshalb profitiert es auch vom Rhythmus des Gehens. Innerer und äußerer Rhythmus können sich synchronisieren. Das Ergebnis ist ein wohltuendes Abschalten, das in Wahrheit intensive Denkaktivität ist. Allerdings denken wir nicht über das Übliche nach, sondern wir nutzen unseren Denkapparat für wesentliche Fragen: Wie komme ich in natürlicher Umgebung zurecht, wie komme ich sicher nach Hause?

Rainer Brämer bestätigt die »unbestritten stimmungsaufhellende Wirkung« des Wanderns, das die Ausschüttung von Endorphinen und Serotonin im Hirn erhöhe. Er weist auf Verwandtschaften zu Yoga, autogenem Training, ja sogar zur Fußreflexzonenmassage hin und spricht von den »psychophysischen Effekten« des kontinuierlichen Gehens. Geschieht dies draußen (und nicht im Fitnessstudio) kommt noch der positive Effekt des Landschaftseindrucks hinzu. So lässt sich offenbar beim Anblick schöner Landschaften ein deutlich verstärktes Auftreten sogenannter Alpha-Wellen im Hirn nachweisen, die bekanntlich Ruhe und Entspannung signalisieren.

Im Mittelgebirge: Rundweg ins abnehmende Licht

Östlich von Göttingen bildet das Harzvorland eine besondere Landschaft. Zwei nebeneinanderliegende Kegel heben sich dort aus einer vulkanischen Landschaft ab, sie heißen »die Gleichen« und sehen tatsächlich fast identisch aus.

An einem langen Juliabend brechen wir wieder einmal auf, um dieser Landschaft in der Dämmerung zu begegnen. Es ist schon bald neun, wir lassen uns Zeit und umrunden den östlichen der beiden Gleichen auf einer Art Panoramaweg. Im abnehmenden Licht gelangen wir zu einem Sträßchen, das uns bequem zurück in den Ort führen wird. Auf halber Höhe aber steht eine Bank, an der wir wie gewohnt innehalten.

Wenn das Licht geht, kommen die Geräusche. Das kennt jeder, der in der Dämmerung im Park oder auf dem Balkon sitzt. Noch ein Stück weiter raus aus der Stadt hat die Dämmerung eine besondere Qualität. Das Grundrauschen nimmt ab, einige Geräusche treten stärker hervor. Manchmal sind es Landmaschinen oder Motoren, hier und da aber auch Tiergeräusche aus der Ferne. Je dunkler es wird, desto mehr scheint mein Hirn zudem das »Nah-Hören« zu intensivieren. Raschelt es im Gebüsch? Knackt es da vorn am Bach?

Sogar der Geruchssinn meldet sich und will etwas zur Orientierung beitragen: Eben noch war der Eigengeruch eines Waldstücks deutlich wahrzunehmen, jetzt sind es Blütenduft und – von etwas weiter her – Faulgerüche, vielleicht ein Komposthaufen.

Die Haut wird empfindlich für Luftströme. Derweil sucht das Auge nach Halt. Einige Farben werden satter, zum Beispiel die der Wolken am Abendhimmel. Andere verlieren sich in Grautönen. Eine Stimmung zwischen expressiven Gefühlen und großer Ruhe stellt sich ein. Genauer: eine Stimmung, in der beides zugleich Platz hat.

Es ist die blaue Stunde, die zwischen Tag und Nacht. Die Landschaft macht sich auf vielfältige Weise bemerkbar. Oder besser: Wir können das, was auch sonst da ist, besser bemerken. Wie jedesmal erlebe ich diese vertiefte Wahrnehmung auch jetzt verbunden mit einer tiefen Entspannung.

Zu Hause, in der Wohnung, fällt es mir oft schwer, den Tag gehen zu lassen. So viel ist dann noch nicht getan, das ich gern hätte tun wollen. Hier ist es anders. Hier bin ich Teil eines größeren Geschehens namens Abend. Alles geht zu Ende und wird morgen von Neuem beginnen. Was immer dieser Tag gebracht hat, was auch gelungen oder schief gegangen sein mag – das spielt hier draußen keine Rolle mehr. Genau wie die Landschaft kann auch ich jetzt tief ein- und ausatmen.

Dann gehen die Sterne auf, wie man so sagt: Sie sind ja schon da, aber erst in der einsetzenden Dunkelheit sehen wir sie. Und die Romantik ist perfekt.

Romantik? Wirklich? Einerseits ja, denn ich reagiere auf die gleichen Signale, welche die Maler und Dichter der Romantik so kunstvoll festgehalten haben. Und sicher trägt meine Abendidylle Züge eines Rückzugs aus der Gegenwart, hinein in eine scheinbar widerspruchsfreie Natur. Andererseits: Nein, so romantisch ist das gar nicht, was ich da erlebe. Sich gegenüber Natur und Landschaft zu öffnen, ihr feinfühlig und lernbereit zu begegnen – das ist gerade nicht die Haltung der romantischen Künstler. Vielmehr deuteten sie die Landschaft zum Spiegel ihrer Seele um. Der Künstler war das einzige Subjekt bei dieser Begegnung.

Mit meiner Stimmung, behaupte ich, hat solche Romantik nur am Rande zu tun. Wir sitzen einfach da und schauen in eine Landschaft hinein, die uns an diesem Abend freundlich in sich aufnimmt.

Wir lernen, der Landschaft neu zu begegnen

Die romantischen Künstler verstanden die Natur als Objekt. Sie war ein Ornament ihrer Gefühle. Wir verstehen heute immer besser, welcher fatale Irrtum in dieser konstruierten Subjekt-Objekt-Beziehung wohnt. Ein solches Naturverständnis hat nicht nur mitgeholfen, eine Blut-und-Boden-Ideologie entstehen zu lassen, die bis heute weiterlebt und bestimmte Landschaften zwischen Rhein und Oder als »deutsch« etikettieren möchte. Damit wären sie dann gegen fremde, »undeutsche« Einflüsse zu verteidigen. Auf dieser romantischen Traditionslinie möchte ich nicht weitergehen.

Obendrein hat das Subjekt-Objekt-Denken unseren Ressourcenverbrauch ins Unermessliche gesteigert – bis zu einem Punkt, an dem der Planet im Ganzen gefährdet ist. Aus diesen Gründen scheint mir eine gesunde Skepsis gegenüber romantischer Natur-Verehrung mit allen ihren verqueren Auswüchsen sehr berechtigt.

Aber: Es sieht jetzt so aus, dass ein Lernprozess begonnen hat. Viele fangen an, sich neu für die Landschaft zu interessieren. Sie versuchen, ein anderes Verhältnis zu unserer natürlichen Umgebung zu gewinnen, das man vielleicht als partnerschaftlich bezeichnen könnte.

Das treibt skurrile Blüten: So erfreut sich die japanische Geistesübung des »Waldbadens« auch in Mitteleuropa medialer Aufmerksamkeit. Die neuen Naturfreunde suchen unter fachkundiger Anleitung eine Art mystischen Kontakt zu Bäumen und Orten. Das erinnert ein bisschen an den Slogan aus der Frühzeit der Umweltbewegung: »Mein Freund, der Baum«. Aber warum eigentlich nicht? Wer sich heute auf einen Baum als Mitgeschöpf einlässt, denkt vielleicht morgen über seinen eigenen Ressourcenverbrauch nach.

Wie wir es schaffen, neue Formen der Naturbegegnung in unserer Kultur zu verankern, ist noch nicht absehbar. Wie der Sozialpsychologe Harald Welzer vielfach beschrieben hat, verkörpern lokale Initiativen und regionale Projekte die derzeit größte Hoffnung auf eine Abkehr von unserem derzeitigen Lebensstil. Auf der politischen Ebene tut sich noch wenig.

Vielleicht ist es sogar das Beste, in unserem Verhältnis zur Natur zunächst einmal auf Null zu schalten, wie Frederic Gros es andeutet: »Für die Berge oder das dichte Unterholz mit seinem schweren Grün bist du nichts. Du bist nicht länger eine Rolle, ein Status nicht einmal ein Individuum, nur noch ein Körper, der scharfe Steine auf dem Weg spürt, das Streicheln des langen Grases und den Hauch der Winde.« Genauso könnten wir versuchen, nichts von unseren Wünschen und Ideen in die Landschaft hineinzuprojizieren. Wenn wir all die gewohnten Bilder und Bewertungen zur Natur erst einmal hinter uns lassen, werden wir vielleicht anders hinaus in die Landschaft gehen, mit mehr Respekt und Offenheit.

Gerade für Sie und für mich, für Menschen, die die Welt als gestaltbar und interpretierbar ansehen, mag das keine leichte Übung sein. Aber die Wirkung des Gehens werden wir umso stärker erfahren, sie wird umso mehr Türen in unserem Denken aufstoßen, je mehr es uns gelingt, innerlich und äußerlich auf Null zu schalten. Uns zu öffnen, für das, was die Landschaft uns in genau diesem Moment anbietet.

2
Unterwegs

Gehen im Dialog
mit der Landschaft
und mit sich selbst

Über dem Tiefland:
Lieblingsweg am großen Strom

Am Donnerstagabend fängt es an. Eine Art Ziehen in den Beinen. Die Füße fragen: Wohin geht's am Wochenende? Wenn wenig Zeit ist, lautet meine Antwort: Zur Elbe.

Die Elbe hat die sie umgebende Landschaft geformt, an einer Stelle sogar auf besondere Art. Vom Tiefland bei Magdeburg her kommend, floss der Strom einstmals Richtung Ostsee und mündete zwischen den heutigen Städten Lübeck und Wismar ins Meer. Irgendwann änderte sich das, die Elbe durchbrach einen mächtigen Moränenwall aus der Eiszeit und strömte weiter nach Westen, anstatt nach Norden abzubiegen. An dieser Stelle, bei der holsteinischen Kleinstadt Lauenburg, hat die Landschaft bis heute eine besondere Ausstrahlung. Der Fluss kommt in einem großen Schwung heran und fließt dann am Fuß einer Hügelkette entlang. Aus der Begegnung von Wasser und Erdmassen entstand ein steil ansteigendes Hochufer. Wer oben auf der Kante geht, erlebt die Begegnung von Fluss und Berg unmittelbar. Es ist, als strahle die Landschaft dort eine spezielle Energie aus.

Wenn ich an meine Wochenend-Wanderung denke, habe ich dieses Bild vor Augen: eine gleißende Wasserfläche, von oben betrachtet. Der Strom spiegelt die Sonne, durch das Blätterkleid großer Buchen hindurch flimmert sie mir entgegen. Das ist der Blick vom Hochufer hinunter auf die Elbe. Man geht rund 30 Meter über dem Wasser und schaut weit ins Land nach Süden.

Vier Stunden nur muss ich freiräumen, dann kann ich diesen zauberhaften Weg gehen – in einer Landschaft, die jeden, der dort geht, erstaunt und gefangennimmt. Mit jedem seiner vielen Schwünge

bietet der schmale Fußpfad neue Stimmungen und Ansichten. Noch nie bin ich enttäuscht heimgefahren – außer, wenn ich mir zu wenig Zeit genommen hatte und der dichten Atmosphäre dieses Wegs nicht nachspüren konnte.

Spüren

Am Anfang steht immer der Impuls, rauszugehen, loszugehen. Wer draußen geht, lässt eine Zeitlang alles liegen und stehen. Er verlässt sein Zuhause und vertraut sich seinen Beinen an. Bei allen, die das häufiger machen, melden sich die Beine von selbst. Sie wollen gehen.

So beschreibt es der norwegische Schriftsteller Thomas Espedal: Eben noch sitzt er am Fenster und betrachtet seinen Garten; da trifft der Brief eines Freundes ein, der ihn ermuntert, zu einer ziemlich verrückten Wanderung nach Griechenland zu kommen; Minuten später schon hat es Espedal gepackt, er muss los, raus, gehen.

Genauso, geradezu zwanghaft, trieb es den Amerikaner Henry David Thoreau, einen der Urväter des modernen Wanderns, immer wieder in die Landschaft um seine Heimatstadt Concord in Massachusetts. Jeden Tag musste er draußen gehen, um überhaupt klarzukommen im Leben: »Ich glaube, dass ich meine körperliche und geistige Leistungsfähigkeit nur bewahre, indem ich täglich mindestens vier, gewöhnlich jedoch mehr Stunden damit verbringe, absolut frei von allen Forderungen der Welt durch den Wald und über Hügel und Felder zu schlendern.«

Und wir Normalbürger? Wir lassen nicht alle Projekte, alle Geschäfte, alle Beziehungen liegen und stehen, wenn die Wildnis ruft. Wir bewohnen auch keine einsame Hütte am See. Wir reagieren diffuser. Und dennoch ist da etwas, das viele von uns umtreibt. Eine Ahnung, ein leiser Impuls, eine Grundströmung. Geh raus!, scheint da etwas zu flüstern, vergiss nicht die Weite, den Wind, die Wege; Du brauchst das Draußen.

Was ist das für ein Impuls? Ein Nachhall der deutschen Romantik? Wollen wir Gehenden uns in ein Gemälde von Caspar

Ich glaube,
dass ich meine körperliche
und geistige Leistungsfähigkeit
nur bewahre,

indem ich täglich
mindestens vier,
gewöhnlich jedoch mehr Stunden
damit verbringe,

absolut frei

von allen Forderungen der Welt
durch den Wald
und über Hügel und Felder

zu schlendern.

Henry David Thoreau

David Friedrich hineinmogeln – etwa das berühmte »Wanderer über dem Nebelmeer« –, um uns mal so richtig ganz und gesund zu fühlen? Nein, das trifft es nicht. Sicher tragen wir ein romantisches Naturverständnis in unserem kulturellen Gedächtnis mit uns herum, ob es uns gefällt oder nicht. Aber das heißt noch nicht, dass wir vor der Realität fliehen wollen, anstatt sie zu gestalten. Dass wir Zuflucht im klischeehaft schönen deutschen Wald suchen.

Hinter unserem Wunsch steht mehr als ein Gefühl, es ist ein sehr konkretes Bedürfnis: »Ich will raus!« Rausgehen bedeutet, den »ausgeknipsten Körper« (wie der Journalist Dirk Schümer es nennt) wieder anzuknipsen. Und zwar diesmal nicht zum Rennradfahren, Joggen oder Kitesurfen. Alles prima, aber nichts ist so einfach, so jederzeit und frei verfügbar, so alltagsnah zu erleben, so frei von Einstiegshürden, Gefahren und Technik wie Draußen gehen. Nichts bietet kreativen Menschen im Alltag solche Chancen, den Modus intellektueller Angespanntheit rasch zu verlassen und ihren Körper sanft und entschieden zu seinem Recht kommen zu lassen.

Draußen gehen ist keine Sportart, sondern eine Art, sich fortzubewegen – und eine Lebensweise. Es belebt und ordnet unser Denken. Draußen gehen relativiert Probleme, eröffnet Perspektiven. Es führt uns raus aus jener Problem-Trance, in die uns Arbeit, Projekte, Beziehungen, Kinder und Eltern immer wieder versetzen. Zwei Wörter reichen, um das zu beschreiben: Gehen öffnet.

Die Macher der Zeitschrift »Walden« (benannt nach Thoreaus berühmtestem Buch) brachten es bei ihrem Start auf den Punkt: »Die Natur will dich zurück.« Tatsächlich zieht es Erwachsene jeden Alters hinaus, um wieder frei atmen und denken zu können. Das Draußen, genauer: die Landschaft, macht etwas mit denen, die sich ihr anvertrauen. Das ist es, was wir wissen oder ahnen. Manche haben es als Kinder gelernt und sich das Wissen bewahrt. Andere haben es später erfahren. Wieder andere spüren nur einen fernen Reflex aus der Nomadenzeit des Menschen, der sie neugierig macht. Damals war die Sache noch sehr einfach: Gehen ist Leben. Wer nicht wandert, stirbt.

Ein Nachhall davon steckt in unseren Genen, ist Teil unserer Natur. Was wir also spüren, ist nicht ein romantisch überhöhter Ruf der Wildnis. Wir spüren, dass Gehen in der Landschaft unserem Leben etwas gibt, das ihm fehlt.

Inseltouren: Gehen überm Mittelmeer

Es gibt Menschen, die fahren nach Mallorca, um dort am Strand in der Sonne zu dösen. Ich würde hinfahren, um rasch den langen Autotunnel durchs Tramuntana-Gebirge hinter mir zu lassen und an einem Mirador (Aussichtspunkt) über dem Tal von Sóller zu stehen. Dann ist die Frage nur noch: rechts rauf, in die Berge, etwa zum Stausee von Cuber? Oder runter Richtung Meer, um an der Steilküste entlang von Port de Sóller nach Deià zu wandern?

Ich war nicht oft dort, aber oft genug, um die schönsten Stellen jederzeit vor mir zu sehen.

Planen

Nach Mallorca fliegen zum Wandern? Ganz schön weit. Also vielleicht doch lieber ein Wochenende in der Rhön? Oder erst mal ein Rundweg im Pfälzer Wald oder im Flachland? Es führt nichts daran vorbei: Alle etwas längeren Wege brauchen Planung. Planen aber heißt, komplexe Abwägungen treffen.

Am Anfang steht die Frage: Welchen Weg möchte ich wieder oder endlich mal gehen? Manche wühlen dann in ihrer Erinnerung, andere blättern durch den Wanderführer Eifel-Süd, schauen im Netz nach, was es da so gibt. Das Angebot dort und in der Wanderführerliteratur ist so unglaublich groß, dass wir erst einmal eine Phase der Unklarheit ertragen müssen: Lieber eine Streckenwanderung oder einen Rundweg? Lieber in der Stadt gehen oder im Gebirge? Lieber bequem mit dem Auto anreisen oder ökologisch korrekt mit Bahn und Bus? Und dann sind da vielleicht noch Kindheitserinnerungen, Erzählungen, Vorerfahrungen und medial vermittelte (oft übernatürlich schön wirkende) Bilder. Sie wecken Bedürfnisse: Wo wollten wir eigentlich immer schon mal wieder hin? Vor jedem längeren Weg, schreibt der Sachbuchautor Ulrich Grober, »kommt ein Traumstadium«.

Es ist gar nicht so einfach, diese Träumereien zu verlassen und sich für ein konkretes Gebiet zu entscheiden. Selbst wenn das gelungen ist, stellen sich eine Menge Fragen: Wo genau starten, wie wieder nach Hause kommen? Was mitnehmen, wen mitnehmen? Je mehr Leute beteiligt sind, desto komplizierter wird die Abstimmung: Jeder und jede bringt zeitliche Begrenzungen, Vorlieben und Wehwehchen in die Wander-Partnerschaft ein. Manche Wanderung ist dem schon zum Opfer gefallen.

Gut, wenn die Würfel irgendwann gefallen sind, wenn der Plan steht. Noch besser, wenn es endlich losgeht.

Fahren

Endlich lassen wir Wohnung und Stadt hinter uns, draußen zieht eine Landschaft vorbei, wir sind unterwegs. Die Anfahrt ist eine Transitzone, in der wir noch halb daheim sind; halb drinnen, halb draußen.

Vorfreude mischt sich mit der Sorge ums Wetter. Wunschbilder (blauer Himmel, grandiose Panoramen) wechseln sich ab mit Schreckbildern (Hitze, Gewitter, Knieprobleme). Dennoch stellt sich bei erfahrenen Geherinnen und Gehern schon jetzt eine tiefe Befriedigung ein: Bald ist es geschafft, wir haben uns der Sesshaftigkeit entzogen; vor uns liegt eine Landschaft, wir werden ihr begegnen – und in der Landschaft uns selbst.

Im Flusstal: Der lange Start zum Höhenweg

Ein Parkplatz im Lennetal, märkisches Sauerland. Ich war bis eben ganz auf die Anfahrt konzentriert, jetzt bin ich in Gedanken schon oben auf dem Höhenweg. Doch der Rucksack ist noch nicht fertig gepackt, der frisch gekaufte Proviant liegt noch im Auto rum, die neuen Wanderstiefel sind nicht so einfach zu schnüren. Dann noch die Frage, ob ich die Wanderstöcke mitnehme – und der Versuch, die Stöcke rasch und richtig einzustellen. Fast hätte ich vergessen, das Auto abzuschließen. Wohin jetzt mit dem Schlüssel? Habe ich nichts vergessen? Die Karte, das Wasser?

Während ich diesen kleinen Stresstest durchlaufe, stehen meine Wandergenossen bereit. Schauen ungeduldig zu mir herüber – oder bilde ich mir das nur ein?

Dann die ersten Schritte, und alles wird besser: Der Weg ist frei, und ich kann es nicht erwarten, ihn zu gehen. Jetzt bleibt alles andere für ein paar Stunden hinter mir. Ich will etwas erleben mit und auf dem Weg. Was wird kommen, von ihm, von uns, für uns?

Ankommen

Der Ausgangspunkt, da ist er. Endlich! Gibt es Wanderer, die jetzt völlig ungerührt die ersten Schritte tun, als würden sie um die Ecke Milch kaufen gehen? Viele sind in diesem Moment bewegt: ein bisschen aufgekratzt zum Beispiel. Oder aber ungeduldig, besorgt: Wie wird das werden, in das wir gleich hineingehen?

Ist endlich alles gepackt, gerichtet, sind alle bereit, dann überschreiten wir die Grenze von der Jung- zur Altsteinzeit: Wir gehen quasi rückwärts, wir verlassen für einige Stunden die Sesshaftigkeit und kehren heim in jene Lebensweise als Jäger und Sammler, die unseren Vorfahren enorme Gehleistungen abforderte. Sie hat unseren Körper und unseren Geist nachhaltig geprägt. In diesem Sinne gehen wir jetzt nach Hause.

Draußen sein

Wie geschützt wir ansonsten leben! Beim Verlassen des Autos, des Zuges, der Hütte ist sofort der Wind da, mindestens ein Hauch. Und wenn er fehlt, dann ist es oft stickig, vielleicht sogar

Mit den ersten Schritten,
mit dem Draußen sein,

können wir beginnen,
uns neu zu erleben –

als
zur Landschaft gehörig.

Dann

sind wir
tatsächlich in der Landschaft

und die Landschaft
ist in uns.

gewittrig. Oder begrüßt uns die Landschaft mit Regen, Nebel, Schnee? Mit sengender Sonne? Jenseits aller Mauern und Scheiben ist das Wetter ein Faktor, mit dem wir uns beschäftigen müssen. Wir setzen uns aus. Wir müssen jetzt Verantwortung übernehmen für uns selbst und diejenigen, die sich uns anvertrauen. Wir müssen Grenzen erkennen – unsere eigenen und jene, die die Landschaft uns setzt. Selbst an einem schönen Sommermorgen heißt Draußen gehen: Achtung, jetzt wird es ernst.

Vor allem der Wind macht den Unterschied. Zu Hause hält die Luft still. Wir haben sie eingefangen und gezähmt. Draußen zeigt sie ihr Temperament. Der Wind empfängt uns mit einem Streicheln auf der Wange oder mit Ohrfeigen. Beides trügt, nichts bleibt. Wir haben nur die Zone des Berechenbaren verlassen. Böen, Wolken, Sonnenstrahlen – wir können uns nicht mehr vor der Landschaft verstecken. Denn nichts anderes sind Häuser, Dörfer, Städte: Verstecke vor der Landschaft, diesem höchst lebendigen Zusammenspiel von geografischen Gegebenheiten (Hügel, Flächen, Flüsse, Felsen), Vegetation und Tierwelt, Wetter (Temperatur, Luftdruck, Niederschläge) sowie menschlicher Einwirkung (Wege, Wälder, Häuser, Felder). Wir begegnen diesem Zusammenspiel jetzt und hier. Wandern heißt: Wir treten in Kontakt mit der Landschaft.

Wenn es uns gelingt, einer Landschaft so zu begegnen, heben wir den Denkfehler der neuzeitlichen Kunst und Philosophie auf: In deren Tradition stellen wir uns die Landschaft seit Jahrhunderten als ein Objekt vor, das wir als Subjekte sozusagen von außen betrachten. Die Landschaft ist dann von uns getrennt. Das ist jedoch, wie der französische Philosoph und Sinologe François Jullien zeigt, nur eine beliebige Annahme, genauer: eine rationalistische Verirrung des europäischen Denkens seit Descartes. Ebenso könnten wir uns, etwa in der chinesischen Tradition, als zur Landschaft gehörig sehen und erleben. Dann wären wir tatsächlich in der Landschaft und die Landschaft wäre in uns.

Mit den ersten Schritten, mit dem Draußen sein, schaffen wir die Voraussetzung, um genau das zu erfahren.

Am See: Eins werden mit der Landschaft

Ein Feldweg am Schalsee in Mecklenburg. Diese Landschaft gilt als besonders, denn die deutsch-deutsche Grenze verlief einst mitten durch den See, was der menschlichen Nutzung enge Grenzen setzte. Hier hat Draußensein etwas besonderes, denn hier ist mehr von dem konzentriert, was wir landläufig Natur nennen.

Der Weg schwingt sich aus einem Kiefernwald hinaus aufs Feld, dann im weiten Bogen um einen Hügel. Vor mir der See, in der Ferne ein Weiler. Die Landschaft begegnet mir in den Farben des Himmels: knallblau, strahlend weiß und dunkelgrau. In den Farben der Umgebung: vom Dunkelbraun der Bäume über das Rotbraun frisch gesägter Baumstümpfe bis zu den unzähligen Braun- und Grüntönen von Gras und Acker. Sie begegnet mir im Spiel von Licht und Schatten auf dem See und den Feldern. In den Vögeln, die über dem See auffliegen und ausschwärmen. Im Rauschen des Windes, im Knirschen meiner Sohlen, in Augenblicken völliger Stille.

Die Landschaft begegnet mir in den Ausblicken, die der Weg eröffnet: hier zwischen Haselnusssträuchern hindurch auf eine Weide, eine Stromleitung und den See dahinter mit seinen weiß zuckenden Wellenrändern; dort auf einen Wiesenhang mit einem alten Zaun aus Eichenpfählen. Sie begegnet mir im Kleinen, beim Blick auf den Schotter vor meinen Füßen, auf die nahe Böschung mit Gräsern, Stauden, Insekten; und im Großen, indem ich das Gesamtbild in mich aufnehme wie einen Blick aus der Luft.

Für einen Moment sehe ich mich als winzigen Punkt zwischen Wasser, Wald und Berg, spüre den Weg, wie er seit Jahrzehnten, vielleicht Jahrhunderten, Mensch und Vieh, Material und Maschinen trägt, den böigen Wind, die Kälte, die meine Gesichtshaut rötet, die schrägen Strahlen der Nachmittagssonne.

Nehme noch einmal die Farben in mich auf, die immer mehr und immer satter werden, je länger ich gehe, schaue und nichts denke.

Die Landschaft und ich – wir erleben ein Miteinander im Rhythmus meiner Schritte, sehr gegenwärtig, sehr verbunden.

Aufbrechen

Den ersten paar hundert Schritten wohnt ein Zauber inne. Sie sind ungelenk. Aber auch noch kraftvoll. Eben haben wir gesessen oder gestanden, jetzt reckt sich das Skelett und strecken sich die Muskeln. Der Mensch bricht auf, im doppelten Sinne. Etwas in uns bricht auf.

Ein Fuß schwingt voraus, findet seinen Stand auf dem Weg. Das Bein türmt sich über ihn, trägt für einen grazilen Moment den ganzen Körper mit allem Gepäck, allein. Unglaublich: Dieses wackelige, verletzliche Ding namens Mensch – mit hunderten Knochen und Muskeln und reichlich Fett – findet Halt in der Bewegung eines Schritts. Das genau ist das Wunder des Gehens: Halt in der Bewegung. Sicherheit und Kontrolle, nach denen wir so sehr streben – hier finden wir sie nicht durch Stillstand und Festhalten, sondern mitten im Schwung. Als »Fließgleichgewicht« hat der Journalist Jarle Sänger das einmal beschrieben; als ein staunenswertes Schwingen zwischen Himmel und Erde, eng verwandt mit dem Tanz, der Benediktiner-Mönch und Wanderführer Anno Schütte.

Schon mit den ersten Schritten zeigt sich das schier Verrückte unserer Unternehmung: Von Stand-Punkt zu Stand-Punkt schlingern wir mit all unserer Masse dahin, in einer auf erstaunliche Weise kontrollierten Bewegung. Eine Koordinationsleistung, die unbewusst abläuft. Wir merken nichts, wir gehen einfach. Das Hirn verarbeitet Impulse von allen Sinnen, sendet Signale an etliche unserer mehr als 650 Muskeln und 100 Gelenke, die beim Gehen bewegt werden – und empfängt Rücksignale. Menschliches Gehen, die Fortbewegung auf zwei Beinen, ist ein so unglaublich komplexer Vorgang, dass man sich nur wundern kann, wie die Evolution das geschafft hat. Weil wir es kaum verstehen können, hat sie uns blind gemacht für das Wunder.

Deshalb schert das alles uns gerade gar nicht. Wir sind ganz und gar mit den weniger inspirierenden Seiten des Aufbrechens beschäftigt. Mit einem Wehwehchen hier, einem Ziehen oder Drücken dort, einem scheuernden Rucksackriemen, einer Sockenfalte. Wir bleiben stehen, rücken etwas zurecht, schnüren die Schuhe nochmal anders. Noch ist uns kalt – ob wir wohl genug warme Sachen dabeihaben? Und wie finden wir uns auf der Wanderkarte zurecht? Wir haben ja noch keinen Blick für die Gliederung der Landschaft, für ihre Dimensionen und Relationen.

Kurz, wir Gehenden sind in dieser Phase unsicher, tendenziell gestresst. Das Gehen selbst ist gerade das Unwichtigste. Keine Viertelstunde später aber wird uns warm. Jetzt erst mal die Jacke auszieh en, oder doch lieber nur die Weste darunter? Dann weiter; aber immer noch zieht es hier und da.

Rund ein Kilometer ist inzwischen vorbeigezogen, wir haben nicht viel davon wahrgenommen. Flüchtige Eindrücke: schön hier, bewölkter Himmel; windig, dunkler Wald; ob das der Pass ist, den es gleich zu überqueren gilt? Wir sind noch mit Denken beschäftigt, und deshalb erscheint das Gehen oft zuerst mühsam. Wir sind unterwegs, aber noch gar nicht ganz da.

Dagegen hilft – gehen. Mit jedem Schritt kommen wir etwas mehr an. Der Dialog mit der Landschaft beginnt.

»Den Fuß auf eine Straße zu setzen bedeutet, sie sich auf besondere Weise anzueignen – auf eine Art und Weise, die das Fahren auf einer Straße niemals ermöglicht«, beobachtet der britische Schriftsteller Geoff Nicholson. Tatsächlich geht es nicht nur um einen Dialog im Sinne eines Gesprächs, sondern um eine Aneignung. Wir formen in unserem Hirn beim Gehen Stück für Stück ein Modell des Raums, in dem wir uns bewegen. Am Anfang ist es grob, nicht mehr als ein Vorverständnis, mit jeder Wegkehre und neuen Perspektive wird es detaillierter, denn wir erfahren die Landschaft im Wortsinn.

Kontinuierliches Gehen
im Gelände

verhindert
jenes
Grübeln,

das uns das Leben oft so schwer
macht

und selten
ein Problem löst.

So können wir mit jedem Schritt auch eine zentrale Erfahrung des Gehens vertiefen: Unterwegs sind wir autark, selbstmächtig, auf niemanden angewiesen (außer in Notlagen). Je besser wir uns orientieren, desto unabhängiger dürfen wir uns fühlen – in einer Welt der Vernetzung und vielfältiger Abhängigkeiten kann das eine wesentliche Erleichterung sein, ein inneres Aufatmen.

Natürlich helfen Wegweiser und Markierungen bei dieser Orientierung, auch GPS-Systeme und Apps. Das alles gibt uns etwas mehr Sicherheit. Das wohl wichtigste Hilfsmittel beim Ankommen in der Landschaft ist aber die gute alte Land-karte auf Papier – gerade weil wir sie nicht mit einem Spreizen der Finger vergrößern oder entsprechend verkleinern können. Karten vermitteln durch ihren fixen Maßstab eine bessere Orientierung. GPS und Apps sind vor allem als Ergänzung zur Karte sinnvoll. Sie allein machen uns nicht sicher in unserem Gefühl für die Landschaft.

Sicher, laut Umfragen können sich viele Wanderer nicht gut mit einer Karte orientieren. Es mag schwierig sein, die Farben, Formen und Linien mit der natürlichen Umgebung zu verbinden. Doch der Versuch lohnt. Mit einer Karte ver-schaffen Sie sich immer wieder den Überblick über das, was Ihnen elektronische Geräte im kleinen Ausschnitt und Weg-weiser mit ihren Teil-Infos anbieten. Es kommt darauf an, dass Sie eine eigene Vorstellung vom Wegverlauf entwickeln. So können Sie den Weg als Ganzes wahrnehmen – und sich selbst als kleinen, beweglichen Punkt in der Landschaft. Genau da wird es spannend.

Den Rhythmus finden

Irgendwann ist der Körper warm, die Bewegungen laufen runder, Gelenke und Puls finden einen Rhythmus, ihren Rhyth-mus. Zugleich stellt sich das Hirn auf die Koordinationsleistung ein, die es jetzt für längere Zeit zu erbringen hat. Die Psycho-logen sagen, das System eins ist aktiviert: Längeres, zügiges Gehen wird intuitiv gesteuert, wobei vielfältige Informationen auf uns einströmen und mit den schon vorhandenen abzugleichen sind.

Wo genau verläuft der Weg? Wie ist er beschaffen? Wohin den Fuß setzen? Wie steht es um die Kraftreserven? Lauern Gefahren vor, hinter oder neben uns? Was macht das Wetter? Diese Fragen lösen eine intensive Hirntätigkeit aus, die aber weitgehend unterhalb der Bewusstseinsschwelle abläuft. Während es anscheinend nichts zu denken gibt, ist das Hirn hoch aktiv, und zwar nicht mit bewusster Analyse und logischer Einordnung (das wäre System zwei), sondern mit einer anspruchsvollen Tätigkeit namens »Gehen im Gelände«.

Dass sich System zwei, unser bewusstes Denken, beim gleichmäßigen Gehen abschaltet, ist ein Segen. Unser Hirn hat nicht genug Energie übrig für das bewusste, analytische Denken, davon profitieren wir. Wahrscheinlich werden wir im Gehen nicht über Probleme nachdenken, keine mathematischen Gleichungen lösen, keine abstrakten Alternativen abwägen. Das ganze rationale Umkreisen des täglichen Erlebens, der Versuch, Zusammenhänge gezielt zu erschließen und Ordnung ins Unübersichtliche zu bringen – all das würde eine Konzentration und geistige Präsenz erfordern, die wir jetzt gerade nicht haben. Kontinuierliches Gehen im Gelände verhindert also jenes Grübeln, das uns das Leben oft so schwer macht und selten ein Problem löst.

Das geschieht quasi en passant, im Vorübergehen, indem das Gehen unsere Aufmerksamkeit auf den Weg lenkt. Der Weg und die Landschaft fordern uns. Man kann sich das wie ein Zoomobjektiv vorstellen: Zunächst scannen wir die Landschaft mit mittlerer Brennweite, betrachten eine Gesamtperspektive über mehrere hundert Meter oder einige Kilometer hinweg. Hier und da zoomen wir mit dem Tele näher ran, um den Wegverlauf in der Ferne zu erkennen. Dann observieren wir die 10, 20, 50 Meter vor uns auf Hindernisse und Gefahren hin mit dem Weitwinkelobjektiv; schließlich suchen wir eine oder, wenn der Weg es erfordert, zwei Schrittlängen vor uns den sicheren Landeplatz für den nächsten Schritt. Und schon

Gehen

erlöst den Gehenden

von sich selbst.

schweift der Blick erneut aus in die Ferne, alles in stetigem Wechsel, immer wieder von vorn.

Zusätzlich hat das Hirn Geräusche, Gerüche und andere Sinneseindrücke zu verarbeiten. Je schwieriger der Weg – je steiler, enger, ausgesetzter – desto mehr ist das Hirn absorbiert von diesem scheinbar simplen Job namens Gehen. Der Publizist Manuel Andrack bringt das auf die flapsige Formel: »Je schmaler, desto wandriger.«

Gehen beschäftigt das Hirn auf eine anspruchsvolle Art, und die entspricht voll und ganz seinen ursprünglichen Aufgaben; dafür hat die Evolution es hervorgebracht – nicht etwa für Meetings, Bildschirmarbeit und Konfliktgespräche. Gehen führt uns sozusagen auf das Wesentliche des Denkens zurück. Wesentlich war, dass der Mensch sich sicher im Gelände bewegte und in Kontakt mit seiner Umgebung blieb. Davon hing sein Überleben ab.

Anders gesagt: Nur diejenigen unserer Vorfahren, die sich gut im Gelände bewegen konnten, haben überlebt und ausreichend Nachkommen gezeugt. Sie konnten die Landschaft lesen und sich angemessen verhalten. Wir können das immer noch. Wenn wir uns auf den Dialog mit der Landschaft einlassen, sind wir auf eine ursprüngliche Art gefordert, die nah am Wesenskern unserer Gattung liegt. Genau deshalb finden wir heraus aus dem Alltagsdenken, den Problemschleifen, der Über-Rationalisierung.

Wir gehen im Gelände, unsere Bewegung verläuft zunehmend geschmeidig, das Denken ist flüssig, der Geist ruhig. Der wandernde Radiomoderator Jürgen Wiebicke drückt es so aus: »Die Beine laufen von allein, und der Kopf ist im irgendwo. Der Geist ist auf eigensinnige Weise selbst auf Wanderschaft. Gedanken ziehen vorbei wie Wolken am Himmel.« Gehen erlöst den Gehenden von sich selbst.

Hochalpen: Gehend zueinander finden

Kalt ist es auf 2200 Metern im Morgengrauen. Gegen sechs Uhr haben wir das Auto zurückgelassen, wo der Fahrweg zu steinig wurde. Meine Begleiterin habe ich

erst gestern Abend kennengelernt. Wir haben uns beide gefreut, einen Partner zu finden für eine Sieben-Stunden-Wanderung auf den Monte Chersogno im italienischen Alpental Valle Maira. Mit knapp über 3000 Metern ist der Berg kein Sonntagsspaziergang.

Zusammen ist man weniger allein, besonders in unbekanntem Gebiet und im gewitterträchtigen Hochsommer. Aber was wird das jetzt – wir beide, mäßig erfahren, zusammen hier oben? Noch dazu ist sie 15 Jahre älter als ich. Ich wette, sie macht sich noch mehr Sorgen als ich, ob das wohl passt.

Nach rund 20 Minuten sind mit einem Mal alle Sorgen verflogen. Wir spüren beide: Wir haben das gleiche Tempo. Sie geht genau so, wie ich gehen möchte: ruhig, respektvoll gegenüber dem Weg und dem Berg. Wir reden nicht viel, aber ich fühle: Es wird gut. Ich denke schon gar nicht mehr über sie nach, denke sowieso kaum noch. Mein bewusstes Denken fährt runter, ich bin jetzt eins mit dem Weg. Die Sonne zeigt sich kurz, der Wind ist stark, der Gipfel wendet sich uns zu, während wir seine Vorberge umkurven. Nach zwei Stunden halten wir kurz inne. Ein Tee, ein Blick, wir wissen: Alles in Ordnung. Wenn das Wetter hält, schaffen wir die Tour. Zusammen.

Gehen

Es geht leicht. Ich brauche nicht viel zu tun. Ich gehe den Weg, der Weg geht mich. Ich spüre, wofür mein Körper gemacht ist: aufrecht gehen, die Umgebung im Blick, wendig, beweglich, reaktionsfähig. Dieses Programm läuft jetzt, es läuft lange und stabil; jedenfalls wenn ich halbwegs geübt bin im Gehen und mich nicht übernehme. Es bedarf keiner weiteren Justierungen. Einfach immer weitergehen.

Selbst unser heutiger Körper, wie degeneriert er auch sein mag durch Sitzen, zuviel Essen und mangelndes Training, ist noch immer dieses SUV der Vorzeit, das Vehikel des erfolgreichen Jägers und Sammlers, das in Wald und Savanne überall hinkam. Der aufrechte Gang schuf die Grundlagen für alles, was kam: Immer bessere Ernährung, Wachstum des Hirns, Werkzeuge und Waffen.

Mit jedem Schritt, der sich von selbst versteht, machen wir Gehenden uns gemein mit unseren Vorfahren. Nicht nur denen aus der Ur- und Frühzeit. Noch in vor- und frühindustriellen Zeiten, also bis weit ins 19. Jahrhundert hinein, war es für die meisten Menschen normal, zwischen acht und 25 Kilometer am Tag zu gehen – zur Schule, zum Feld, zum Markt, zur Arbeit. Es mag ein härteres Leben gewesen sein, sicher aber auch eines, in dem die Menschen mehr bei sich waren, zu Hause in der Bewegung.

Auch die heute Gehenden erleben es nach einigen Kilometern: Sie fühlen sich zunehmend zu Hause in sich selbst und zugleich in der Landschaft. Sie bietet Anknüpfung für innere Bilder. Vielleicht haben Sie das schon einmal erlebt: Sie gehen schon einige Zeit und es stellt sich eine gewisse Stimmung ein, die mit Ihrer Umgebung zu tun hat. Sehr deutlich bemerkbar machen sich die expressiven Stimmungen einer Landschaft, zum Beispiel an einem nebligen Novembertag im Moor. Das ist ein Klassiker, den Heimatdichter und romantische Maler nicht zufällig in unserem kulturellen Gedächtnis verankert haben. Ebenso wird ein Spaziergang in einer sonnenbeschienenen Winterlandschaft mit reichlich Neuschnee wahrscheinlich aufhellend und anspornend auf Ihr Gemüt wirken.

Schwieriger wird es, wenn die Landschaft sich Ihnen uneindeutig zeigt. Ein regnerischer Frühjahrstag im Flachland kann regelrecht nerven mit seinen Böen und Güssen; er kann Sie aber auch herausfordern, aktivieren und eine »Jetzt erst recht«-Stimmung auslösen. Je nachdem, welche Stimmung Sie mitbringen, wird in der Begegnung mit der Landschaft ein neuer, besonderer Eindruck entstehen.

Ich gehe Wege gerne immer wieder, zu allen Jahreszeiten, bei allen Wetterlagen. Jedesmal mischt sich die Landschaft auf andere Weise in meine wabernden Gedanken ein. Wie in einem guten Gespräch unter Freunden.

Man muss nicht halluzinieren oder allen Dingen eine Seele zuschreiben, um sich auf diesen Dialog einzulassen. Die Autoren der Nature Writing-Bewegung zeigen uns, wie es geht. Robert Macfarlane schreibt: »Wir begannen den Abstieg (...), während das Land uns davongehen sah.« So dicht war die Begegnung mit der Landschaft um den Coruisk-See im Norden Schottlands, dass sich nach einigen Tagen die Rollen verkehrt haben: Die Landschaft wird persönlich, sie sieht den Wanderer kommen und gehen.

Gehend einer Landschaft begegnen – das kann auch für uns Alltagswanderer eine sehr intensive Erfahrung sein. Es passiert viel in Körper und Geist, wenn wir erst einmal in unserem Rhythmus angekommen sind. Die Muskeln schaffen ihr Pensum, die Gelenke sind warm, aber noch nicht allzu sehr gefordert. Der Atem fließt. (Wenn wir keuchen und nach Luft schnappen, heißt das: Wir gehen viel zu schnell.) Wir gehen genau das Tempo, das wir dauerhaft gut gehen können. Wir respektieren mit diesem Tempo die Landschaft und uns selbst.

Autoren, die viel übers Wandern nachgedacht haben, umschreiben diesen Zustand als »leiblich-seelische Verbindung zur Landschaft« (Ulrich Grober), »aktive Form der Meditation« (David le Breton) oder »Meditation im Leib und mit dem Leib« (Anselm Grün). Ich erkläre es mir so: Ausdauerndes Gehen im Gelände bringt zunächst die innere Kommunikation des Wandernden ins Gleichgewicht. Puls, Muskeltonus, Atmung laufen rund. Das sorgt dafür, dass auch die Psyche rundläuft. Das Denken hört auf, Ziele zu verfolgen und Lösungen zu suchen, es öffnet sich wieder für spontane Impulse aus unserem Erfahrungsgedächtnis. Damit wird uns eine Ressource wieder zugänglich, die sich durch angestrengtes Nachdenken leicht verschließt.

Dieser innere Prozess aber ist von Beginn an verwoben mit der Kommunikation nach außen. Ulrich Grober spricht von einer »Pendelbewegung zwischen Introversion und Wahrnehmung der Außenwelt«. Die psychische Wirkung hängt von der Umgebung des Gehenden an. Erst der Dialog mit der Landschaft mit allen seinen Nuancen – von der Suche nach

Man muss kein Philosoph sein,
um Gehen

als Sinnbild
gelingenden Lebens
zu verstehen.

Wo Struktur und Beweglichkeit,
Festhalten und Vorausschwingen
sich so ergänzen wie im Gehen
durch eine anregende Landschaft,

darf man von Glück sprechen.

dem sicheren Tritt über die Orientierung im Gelände und die Wetter-Wahrnehmung bis zum Einatmen der aerosolhaltigen Frischluft –, erst dieser Dialog erzeugt die eigentliche Wirkung des Gehens. Wenn innere und äußere Kommunikationsprozesse ineinandergreifen, berichten Gehende davon, »komplett woanders gewesen zu sein«, erleben sie »Erholung« und »Befreiung«.

Man muss kein Philosoph sein, um Gehen als Sinnbild gelingenden Lebens zu verstehen. Wo Struktur und Beweglichkeit, Festhalten und Voranschwingen sich so ergänzen wie im Gehen durch eine anregende Landschaft, darf man von »Schwerelosigkeit« (Jarle Sänger) sprechen – oder von Glück. Es ist kein Glück in grellen Farben, aber doch sind viele Gehende in dieser Phase hochzufrieden mit sich und ihrem Tun; sie erleben einen Einklang mit ihrem Körper und ihrer natürlichen Umgebung, der kaum getrübt wird von Sorgen über den Verlauf des Weges oder ihre Kraftreserven. Es ist ein stummer Einklang, der sich umso schöner anfühlt, weil der weitere Verlauf der Wanderung eben nicht plan- und kontrollierbar ist. Das kleine Glück des Gehens ist endlich. Ein Grund mehr, es genau in diesem Moment zu genießen.

Trage ich gerade zu dick auf? Bei Dauerregen und auf einem schlammigen, langweiligen Weg wird sich dieses Glück eher nicht einstellen. Auch nicht mitten in einer psychischen Krise – da wäre Erleichterung schon ein echter Gewinn. Dennoch: Jeder, der draußen geht, kann der Poesie des Wanderns Raum geben und auf das kleine Glück in der Bewegung zugehen. Das scheint mir viel.

Auf dem Bergrücken: Temposuche am tückischen Buckel

Der Arnsberger Wald im Hochsauerland ist ein Gebirgszug, dem man nicht ansieht, was er vom Gehenden fordert. Vom Tal aus wirkt er eher flach. Ich beginne den Anstieg in zügigem Tempo. Schon auf halber Höhe stehe ich im Schweiß. Aber allzu weit kann es ja nicht mehr sein bis zur Passhöhe. Dass mein Gefährte, der fitter ist als ich und den Weg bestens kennt, das gleiche Tempo anschlägt wie ich, bestärkt mich: Der Anstieg muss bald geschafft sein.

Hat er mich eben gefragt, ob das Tempo in Ordnung ist? Klang er leicht besorgt? Egal, ich will das jetzt hinter mich bringen.

Doch es geht immer weiter bergauf. Immer wenn ich meine, nun sei der Scheitelpunkt fast erreicht, sieht das vor mir liegende Wegstück wieder exakt so aus wie vor einer Viertelstunde. Ein tückischer Buckel, dieser Arnsberger Wald.

Langsam verstehe ich: Mein Gefährte ist hier ständig unterwegs, und er ist durchtrainiert. Er kann so schnell und so lange bergauf gehen. Ich – um ehrlich zu sein – nicht. Ich bitte ihn, langsamer zu gehen.

Plötzlich geht es sich wie von selbst. Ich komme jetzt langsam und stetig voran: gedankenlos, im stabilen Rhythmus. Irgendwann ist der Pass da, aber das ist jetzt nicht mehr so wichtig. Wir gehen ebenso langsam auf der anderen Seite zu Tal. Der Weg hat mich gelehrt, ihn zu gehen.

Weitergehen

Wir sind jetzt ein, zwei Stunden unterwegs. Es geht sich wunderbar. Dennoch kommen die ersten Zweifel. Bei Bergtouren mit steilen Anstiegen fängt das innere Fragen besonders früh an: Wie lange noch? Warum ist der Weg so steil, so schwierig? Muss ich das machen? Wer zwingt mich dazu? Oder, um I-Aah, den Esel aus »Pu der Bär«, zu zitieren: Warum? Wozu? Inwiefern?

Plötzlich wird uns schmerzlich bewusst, wie weit unsere zentralgeheizte Sofawelt weg ist. Dass es jetzt keine Rolle mehr spielt, ob wir gute Gestalter, Autorinnen, Programmierer, Texter oder Architektinnen sind. Hier kommt es gerade nur noch auf eines an: aufs Gehen. Genauer: aufs Weitergehen. Nicht stehenbleiben, das ist jetzt entscheidend.

Das zu wissen nützt aber noch nicht viel. Nach einigen Kilometern kommt für die meisten Gehenden der Punkt, an dem sie dringend stehenbleiben wollen. Wer jetzt weitergeht, muss bewusst dem Impuls zum Halten widerstehen. Der Weg ist vielleicht noch lang, wir haben uns da auf etwas eingelassen. Es ist jetzt eine spürbare Anstrengung im Körper, der Muskeltonus erscheint härter, mechanischer, es beginnt wieder zu ziehen und zu ziepen. Irgendetwas sagt uns: Lass es, bleib stehen. Jetzt wird es schwierig, sich selbst zum Weitergehen zu motivieren.

Klar könnten wir jetzt eine Pause machen, uns mal hinsetzen. Wer rein auf Genusswandern aus ist, nur noch wenig Strecke vor sich und sehr viel Zeit hat, der macht jetzt sofort Rast (falls ein passender Platz in Sicht ist). Wunderbar. Wer weiter gehen und ein bisschen mehr von diesem Ausflug haben will, für den stellt sich jetzt die Frage: Wie lange gehe ich noch?

Einerseits möchte ich ja vorankommen, vor der ersten Pause noch ein Stück Strecke machen. Ich weiß, dass während einer längeren Pause die Muskeln in einen Ruhezustand fallen, aus dem sie gar nicht so leicht wieder zu wecken sind. Ein »Noch nicht!«, das aus Vernunft und Erfahrung gespeist ist, treibt mich voran. Andererseits weiß ich, was passieren kann, wenn ich den richtigen Zeitpunkt für eine erste Pause verpasst habe: Eine nervige Suche nach dem passenden Rastplatz beginnt, während der Körper anfängt zu rebellieren, Nahrung und Wasser fordert. Die Stimmung kippt, der Ton untereinander wird gereizt.

Wann genau ist der richtige Zeitpunkt für eine Pause? Wie nimmt man die Mühe des Gehens an, meidet aber die Überforderung? Es muss ja nicht gleich der berüchtigte Hungerast kommen, ein riskanter Auszehrungszustand, aus dem auch Pausen und Nahrung nicht mehr hinausführen; der Wanderer kann, wenn er zu spät isst und trinkt, einfach seine Muskelkraft nicht mehr mobilisieren. Auch ein inneres Zittern mangels rechtzeitiger Pause, noch dazu vielleicht auf einem ausgesetzten Wegstück, bringt Gehende unnötig in Gefahr.

Von der Antwort auf die Rast-Frage hängt nicht weniger ab als das Gelingen einer Wanderung.

Für mich ist Strapaze nicht der Sinn des Gehens. Manchmal gehört sie dazu, aber selten gleich im Anfangsteil einer Wanderung. Eines aber verlange ich beim Gehen schon von mir: dass ich mir etwas zutraue, dass ich mich nicht wegducke, wenn der Weg sagt: Ich brauche jetzt Einsatz und Energie von dir.

Wann machen wir also Pause? Das ist vielleicht die wichtigste und schwierigste Frage beim Gehen. Und jede und jeder muss sie für sich selbst beantworten.

Ideal wäre es, so zu gehen, dass Pausen gar nicht sein müssten. Also langsam, in einem Rhythmus, der sich auf Dauer halten lässt. Das würde sich schon deshalb anbieten, weil Schnelligkeit das Landschaftserlebnis behindert. Frédéric Gros beschreibt das sehr eindrücklich, indem er vom Gegenteil des guten Gehens spricht: Ein schlechter Geher »geht mal schnell, beschleunigt, verlangsamt wieder. Seine Bewegungen sind ruckartig, seine Beine bilden merkwürdige Winkel. Seine Geschwindigkeit wird von plötzlichen Beschleunigungen bestimmt denen heftiges Atmen folgt. Große willentliche Bewegungen, eine neue Entscheidung, jedes Mal wenn der Körper geschoben oder gezogen wird, ein rotes schwitzendes Gesicht.«

Wer so geht, macht es sich nicht nur unnötig schwer, er bringt sich auch um eine echte Begegnung mit der Landschaft. »Gehe ich zu schnell, bin ich nach einigen Kilometern mit ziemlicher Sicherheit nicht mehr an der schönen Landschaft um mich herum interessiert«, berichtet Jarle Sänger, »sondern bin einzig und allein damit beschäftigt mich über Stock und Stein zu quälen.«

Bergtouren: Unterwegs mit dem uralten Hannes

Mit 13 begegne ich einem wichtigen Menschen, meinem ersten Wanderlehrer. Hannes ist Pensionswirt in Unterjoch im Allgäu. Ein wettergegerbter, etwas skurriler Typ – für uns Jugendliche uralt, also vielleicht 50.

Wenn er seine Sommerfrischler aus dem Norden zwei Mal die Woche in die Berge führt, dann geht er für unseren Geschmack unendlich langsam. Wir würden lieber voranstürmen. Hannes gibt uns zu verstehen, dass das nur Anfänger tun. Er selbst geht im Schneckentempo, setzt gemächlich Schritt für Schritt und dabei – wichtig! – immer den ganzen Fuß auf, denn Abrollen würde unnötig Kraft kosten. Aber weiter, immer weiter geht er, immer bergan, stundenlang. Seine Botschaft ist klar: Du schaffst mehr, wenn Du langsam gehst. Konsequent. Am Stück.

Und weil wir lernen, mit unseren Kräften hauszuhalten, nimmt er uns mit auf Felsgipfel, die ohne ihn unerreichbar bleiben würden.

Halten

Vielleicht reicht ja auch erst mal ein kurzes Stehenbleiben. Durchatmen, Trinken. Trinken ist wichtig, gerade im Gebirge, gerade im Sommer. Faustregel: Trinken, bevor der Durst kommt, zumindest aber das Trinkbedürfnis nicht aufschieben. (Weshalb Trinkblasen mit Schlauchsystem tatsächlich eine gute Sache sind – ich gebe zu, dass ich sie lange Zeit affig fand.) Nichts ist übrigens dümmer, als zu wenig Wasser mitzunehmen, denn dann beginnt man, es zu rationieren, und das ist gefährlich.

Ein paar Nüsse oder Rosinen essen. Die schmecken anders – jetzt, hier.

Bleiben wir also stehen oder setzen wir uns kurz, höchstens fünf bis zehn Minuten. Für unsere Muskeln bringt das keine echte Erholung, aber für den Geist.

Das Blut spüren, das durch die Adern pulsiert, den Atem ein wenig langsamer werden lassen. Noch mal die Kleidung und den Sitz der Socken überprüfen, ein paar Worte wechseln. Es ist der Wille, der sich erholt. Weil wir dem Pausen-Impuls einen Moment lang seinen Lauf lassen, können wir uns anschließend wieder zum kontinuierlichen Gehen motivieren. Das Gute ist: Das müssen wir beileibe nicht die ganze

Zeit tun, denn der Impuls kommt und geht. Wir sollten ihn akzeptieren, ihn freundlich behandeln, aber wir überlassen ihm nicht die Regie.

Auf den heiligen Berg:
14 Kreuze, 14 Versuchungen

Es wird ein warmer Tag in Südwest-Irland, auf der Halbinsel Dingle. Wir haben uns spät an den langen Anstieg auf den Brandon Mountain gemacht, einen bekannten Wallfahrtsberg. Es ist neblig, schwül, kaum Wind.

Eins nach dem anderen tauchen weiße Kreuze aus dem Dunst auf. Ein Kreuzweg, auf dem an hohen katholischen Festen Hunderte Gläubige bergan steigen. Sie würdigen damit den Heiligen Brendan, der im Mittelalter unter Lesekundigen ähnlich berühmt war wie heute Harry Potter. Brendan ist der Legende nach in einem kleinen Hafen am Fuße dieses Berges zu einer abenteuerlichen Pilgerreise aufgebrochen. Die Nacherzählung seiner Erlebnisse wurde ein früher Bestseller. Heute quälen sich Wallfahrer zwei Stunden den Berg hinauf, um dann weit hinaus auf jenes Meer zu schauen, in das Brendan sein winziges Boot steuerte.

Jedes der 14 Kreuze ist eine Aufforderung zum Innehalten. Meist ragt ein bequemer runder Findling gleich daneben aus dem Gras. Lass Dich nieder, raunen mir die Kreuze zu, ruh Dich aus, gedenke dabei der Leiden Jesu (und überleg noch mal, ob Du da wirklich hoch willst).

14 Mal muss ich dem Impuls widerstehen. Ein echter Kreuzweg. Und alles ganz im Sinne Brendans, der als Meister des Widerstehens berühmt wurde.

Dann, oben, geschieht es tatsächlich. Als wir uns am Gipfel niederlassen, reißt der Nebel auf und gibt den Blick auf den Atlantik frei. Fernsicht an einem nebligen Tag, was für ein Glück. Umso mehr, da uns bewusst ist: Es liegt nicht in unserer Hand.

Die Landschaft ist unempfänglich für unsere Wünsche. Gleichwohl, in diesem Moment scheint sie es gut mit uns zu meinen.

Wieder gehen

Der kurze Halt ist vorbei. Bei den ersten Schritten schon ist es zu spüren, die Muskeln wollen nicht. Sie geben uns zu verstehen, was sie vom neuerlichen Aufbruch halten: gar nichts. Wir gehen dennoch weiter. Und nach ein paar Minuten fühlt es sich wieder normal an.

Falls es mir gelungen ist, Ihnen Lust aufs Gehen zu machen, muss ich Sie jetzt vor Rückschlägen warnen. Es beginnt die Schwarzbrot-Phase des Gehens. Vor dem nächsten Halt und vor einer größeren Pause sollten wir mindestens ein wichtiges Etappenziel erreichen: vielleicht eine Gaststätte, vielleicht einen Aussichtspunkt, einen Gipfel. Also weitergehen, obwohl wir nun unwiderruflich über den Komfortpunkt hinaus sind.

Das ist das Paradoxe beim kontinuierlichen Gehen: Wir strengen uns an und diverse Sensoren sagen uns, dass es jetzt langsam mal reicht; zugleich aber spüren wir – oder wissen es aus Erfahrung –, dass da noch ein Energievorrat ist. Eine Reserve, die wir im Alltag vor uns selbst verbergen.

In dieser Phase treiben Sie sich selbst an oder lassen sich von Gefährten antreiben – und Sie spüren, dass hinter der Erschöpfung noch etwas ist. Tatsächlich: Da sind Frische und Spaß am Weitergehen. Oder sagen wir: Beides ist gleichzeitig da, Erschöpfung und Kraft. Eine Kraft, die Sie selten spüren.

Schade, denn in dieser Kraft steckt etwas Wichtiges: Aspekte unserer selbst, die wir in unserem Wohlstandsleben konsequent ausblenden. Unsere Leiblichkeit vor allem. Wir sind nicht nur Geist und Gefühl, Gespräch und Aussehen. Da ist auch noch ein Körper, der sich Platz in der Welt nimmt, der widerstehen und vor Lebendigkeit pulsieren kann. Das erleben wir jetzt, wenn wir weiterstapfen und die Erschöpfung ignorieren: Hinter dem inneren Horizont geht's weiter.

Und wie! Eben noch mit schleppendem Schritt unterwegs, kann es uns passieren, dass wir plötzlich wie aufgezogen voraneilen. Jetzt hängt viel vom Weg ab. Bietet er in dieser Phase Ablenkung, etwa zauberhafte Panoramen plus Blumen am Wegrand? Oder zeigt der Weg sich eintönig, schnurgerade, hart? Schaffen wir es dann, noch einmal diese innere Energie zu mobilisieren? Und wie lange reicht sie?

Kein Wunder deshalb, dass viele so gern in die Berge gehen. Da sind die Signale des Weges deutlich zu empfangen. Oft ist das Ziel weithin sichtbar. Meist liegt es oben – eine Hütte, ein Pass, ein Grat, ein Kreuz. Manchmal unten, ein Dorf, ein See, ein Gasthaus, erkennbar schon Stunden vorher. Im Flachland braucht es in dieser Phase das Gemüt eines Kaltblüters, der seine Hufe stur voreinander setzt. Und einen feinen Blick für das Panorama im Kleinen: blühende Hecken, Eichen-Solitäre, Vogelflug. Das sind Einzeleindrücke, die sich zusammensetzen zu einer Landschaft von starkem Charakter. (Den kargen Reiz der Tiefebene hat vielleicht niemand so treffend beschrieben wie Arno Schmidt: »Die Krähe beschrieb einen knarrenden schwarzen Strich in der echolosen Luft.«)

Hinterher wundern wir uns, welche Strecke wir in dieser Phase durchwandert haben: einerseits mühsam, gefordert; andererseits getragen von der ungeahnten Kraft, wie in Trance.

Sich fordern

Jetzt hätten Sie sich die Rast verdient, eine wirkliche, lange. Dumm bloß, wenn der Weg die Rast noch nicht will. Da ist noch die staubige, lange Gerade zu gehen oder der letzte Anstieg, nachdem man schon zweimal dachte, gleich am Gipfelkreuz zu stehen. Ein Geröllfeld, auf dem die Füße kaum Halt finden, ist zu bewältigen, oder das letzte Stück zum Gasthof. Selten erreicht man ein anspruchsvolles Ziel, ohne sich noch mal fordern zu müssen. Und diesmal so richtig.

Es ist, als solle der Gehende eine Schwelle überschreiten. Die Zeit zieht sich jetzt in die Länge. Jeder Schritt knarzt, der Atem will ausbrechen, nur der Rhythmus ist noch da. Auf

Bergpfaden verengt sich das Gesichtsfeld auf den einen Meter vor den Füßen. Die wiederum schmerzen, der Gehende belastet sie anders, und fast ist das feine Gleichgewicht des Gehens dahin.

Damit nicht genug: Typisch wäre es, wenn ausgerechnet jetzt Komplikationen auftreten. Der Weg, der gerade aufs Ziel zuzustreben schien, sackt ab in eine Bachfurche, wir verlieren Höhenmeter, Zeit und Kraft. Eine ausgesetzte Passage, ein gerissenes Halteseil, plötzliche Eisböen auf freiem Feld. Oder wir fürchten, den Weg zu verlieren. Ausgerechnet jetzt, wo wir auf Notreserve laufen, fehlen Markierungen, wird es rutschig.

Erfahrene Wanderer berichten von so vielen Komplikationen in genau dieser Phase, dass ich nicht mehr an Zufall glaube. Komplikationen gehören dazu, denn Gehen im Gelände ist nicht berechenbar. Gerade deshalb eröffnet es uns Zugang zu einer anderen Dimension unserer selbst. Gehen ist Leben, gerade in den Momenten, in denen unsere Kraft und unsere Konzentration auf der Kippe stehen.

Missbrauchen wir in solchen Situationen das Gehen in der Landschaft »zu Zwecken des Masochismus«? Diesen Vorwurf hat Dirk Schümer im Ausland gehört. Deutsche Wanderer gelten dort als allzu bereit, sich beim Gehen zu quälen. Ich habe jedoch viele Engländer, Franzosen und Italiener getroffen, die mindestens so großen Spaß an körperlicher Herausforderung hatten. Und letztlich geht es ja nicht darum, ein unerbittliches Über-Ich zufriedenzustellen; es geht darum, das zu tun, was der Weg erfordert. Manchmal bringt uns das eben an die Grenzen unserer Motivation und Leistungsfähigkeit. Das konsequent zu meiden, würde unseren Dialog mit der Landschaft allzu sehr einengen.

Flachland: Fußlahm im Försterwald

Ein nasser Tag in einer ohnehin feuchten Gegend: norddeutsche Tiefstebene, ein Wald bei Celle. Wir sind schon ein paar Stunden auf den Beinen, haben dem Impuls zu rasten schon mehrfach widerstanden, weil wir wissen, wie lang der Weg zum nächsten Bahnhof noch sein wird.

Schließlich beginnen wir, nach einer Sitzgelegenheit zu suchen. Ich bin schon etwas fußlahm und angeschlagen.

Just da beginnt eine der berüchtigten, mit dem Försterlineal gezogenen Schotterstraßen. Kilometerlang zieht sich der Wirtschaftsweg schnurgerade durch öde Fichtenplantagen. Es gibt weder Holzstapel noch umgekippte Bäume oder Baumstümpfe, Bänke schon gar nicht. Und es ist zu nass, um sich auf den Boden zu setzen.

Also gehen, weitergehen. Ein unfreiwilliger Marsch, der zunehmend eine surreale Note bekommt. So lang, so mühevoll, dass unsere Erschöpfung irgendwann in Heiterkeit umschlägt, Försterbeschimpfung inklusive.

Genau dieses Erleben bleibt mir von dem langen Weg im Gedächtnis: die endlose Gerade, die ich mit müden Beinen entlangstolpere, erfüllt von einem rebellischen Gedanken: Du kriegst mich nicht klein!

Ganz da sein

Wovon werden wir noch in Jahren erzählen? Von dem Gewitter, das uns in Sichtweite des Gipfels zum Umkehren zwang. Von der alten Weide, die uns in ihre Arme nahm, als ein Hagelsturm uns vom Weg jagte. Von dem Matschloch, das nur mit List und Tücke zu überwinden war.

Wir sind vielleicht ein bisschen entwöhnt davon, das Leben von seiner schwierigen, bedrohlichen Seite aus anzuschauen. Aber sie existiert. Es kommt darauf an – nicht immer, aber manchmal – sich Widrigkeiten zu stellen. Schmerz, Leid, Tod. Wir wollen sie nicht zum Zentrum unseres Denkens und Fühlens machen, wir wollen selbstverständlich das Schöne und Leichte genießen. Aber es wird nicht gelingen, Schmerz, Leid und Tod auszublenden. Sie gehören dazu.

Genau deshalb mag ich Draußen gehen, weil mich die Landschaft und der Weg unmittelbar in Kontakt bringen mit dem Archaischen, Echten. Draußen gehen bringt die Nicht-

Draußen gehen

bringt die
      Nicht-Komfort-Zone

            mit hinein
      in unsere harmlosen
               Tage.

Komfort-Zone mit hinein in unsere harmlosen Tage. Wer länger geht, setzt sich Anstrengungen aus, muss eine Haltung dazu finden, muss auch mal durchhalten. Wenn wir jetzt gleich zusammen losgehen würden, träfen wir auf Hindernisse und Verhältnisse, die uns herausfordern: Steigungen, Naturgewalten, manchmal auch Mitmenschen, die wir uns anders wünschen würden – hilfsbereiter, rücksichtsvoller. Eben deshalb können wir auf unserem Weg Erfahrungen machen, uns entwickeln, ein winziges Stück wachsen.

Wachsen können wir übrigens genauso am Einklang mit der Landschaft und an den schönen Erfahrungen. Sie gehören im gleichen Maße dazu. Weil Draußen gehen das Leichte ebenso wie das Schwere ins Leben bringt, ermöglicht es uns Momente der Resonanz in der Natur.

Rasten

Irgendwann kommt der Punkt: Es reicht. Und es ist ein Rastplatz in Sichtweite.

Der Moment des Stehenbleibens. Der Rucksack sinkt zu Boden. Manchmal stehe ich zuerst nur da, nehme die Aussicht in mich auf, bin im Geiste weit draußen. Dann wieder drängt sich der Ort auf: ein Baumstumpf in dampfender Luft, Waldgeräusche. Oder ich hocke nur regungslos da, erschöpft, für einen Moment komplett desinteressiert an meiner Umgebung, wegen der ich doch vor Stunden aufgebrochen bin. (Das vergeht rasch.)

Es gibt die grandiosen Rastplätze, die mit dem Panoramablick in alle Richtungen, windgeschützt obendrein. Und es gibt die Notbehelfe. Rastplätze sind so vielgestaltig wie Wanderungen.

Winterwald: Stille

Plötzlicher Wintereinbruch Ende November, seit Stunden Schneegestöber. Wir wandern an der Leine entlang, nördlich von Hannover. Eine Bank ist nirgendwo zu

finden. Wir finden einen umgestürzten Baum, an einer Lichtung mitten im dichten Tannenwald. Der Schnee fällt auf uns, aber wenigstens kann man sitzen. Keine bequeme Rast.

Dann die Stille. Jene Stille, die es nur im Schnee gibt. Wir tauchen in sie ein wie in einen tiefen, klaren See.

Ruhen

Essen – selbst wenn kein großer Hunger zu spüren ist. Trinken. Vor allem atmen. Was für ein Glück, den sich verlangsamenden Atem so deutlich zu spüren. Rasten ist Atem-Meditation. Alles beruhigt sich jetzt.

Hoffentlich lassen Temperatur, Wind und Wetter es zu, dass wir länger bleiben können, Wegdämmern inklusive. Achten wir nur darauf, nicht zu frieren! Ruhen und frieren, das geht nicht zusammen. Wenn unsere Kleidung nicht im Eiltempo trocknet (und das tut nur atmungsaktive Kleidung in der Sonne), dann ziehen wir uns besser etwas Trockenes an. Soviel Fürsorge sind wir unserem geforderten Körper jetzt schuldig.

Auf dem Grat: Weite und Abenteuer

Hochsommer im toskanischen Appenin. Der Gipfel, den die Tourenbeschreibung versprochen hat, ist gar keiner. Alpe di San Pellegrino heißt er, eine winzige Spitze auf dem grasigen Grat, kaum mannshohe Felszacken, unspektakulär. Aber es gibt eine kleine Spalte, geformt wie eine natürliche Bank mit hoher Lehne, die vor dem starken Wind schützt.

Wir sitzen da, von der Sonne gewärmt, trocknen unsere Kleidung und schauen erst nach Osten, auf die Bergzüge, die sich zur Adria hinabschwingen. Dann nach Westen auf die Apuanischen Alpen, die sich vor der Riviera-Küste auftürmen. Ein Blick wie aus dem Flugzeugfenster, das Gefühl von Weite und Abenteuer. Wir sitzen genau auf dem Hauptkamm eines mächtigen

Gebirges, das sich von Ligurien im Norden bis nach Kalabrien an der Südspitze des Stiefels zieht. Fast scheint es, als würde ganz Italien seine Schönheiten zu unseren Füßen ausbreiten.

Wahrnehmen

Während einer Rast wird die Wahrnehmung intensiver. Als hätte das Gehen uns vorbereitet, indem es uns auf das innere Geschehen ausrichtet: Jetzt können wir viele Eindrücke aufnehmen. Vogelstimmen. Keine Vogelstimmen! Knackende Äste. Ein ganz spezielles Pfeifen des Windes. Rufe. Bellen. Gesprächsfetzen. Und ganz viel Nichts.

Bei der Rast sehe ich anders. Genauer, mit dem Blick für Details. Aber zugleich ganzheitlicher, alles in einem.

Ich spüre anders: Der Körper pulsiert noch, der Geist ist auf Stand-by. Ich nehme die Landschaft wahr, das Leben in ihr. Vögel, Weidevieh, Wild, Insekten, Bäume, Büsche, Moose. Es ist alles eins und alles in Bewegung. Selten ist es so leicht, so selbstverständlich, das Leben an sich zu respektieren.

Der Allgäuer Psychotherapeut Martin Schwiersch hat einmal angemerkt, Gipfel und andere freie Rastplätze gehörten »die meiste Zeit sich selbst«. Genau das spüre ich: Diese Orte, an denen wir für Minuten oder Stunden zu Gast sind, haben ihre eigene Würde. Wollten wir sie uns aneignen, sie gar erobern, würden wir sie unweigerlich zerstören.

Aufstehen

Irgendwann ist die Rast vorbei. Der erste steht auf, tapst herum. Der zweite schaut mal hier, mal da.

Sich aufraffen, zusammenpacken, sich gerade machen. Losgehen.

Die ersten Schritte sind schwerfällig, steif. Es dauert, bis alle Bewegungssysteme wieder hochgefahren sind. Aber, wenn es eine gute Pause war: Erfrischt sind wir. Die eigentliche Wirkung werden wir erst später spüren, wenn es wieder anstrengend wird.

Wildnis: Erlösendes Licht

Die White Mountains, ein Gebirge im Nordosten der
USA. Wir sind bei bestem Herbstwetter losgegangen
und hinaufgestiegen zum Mount Washington mit seinen
gut 1900 Metern. Hat nur etwas länger gedauert als ge-
dacht. Auf halber Höhe kam der Regen, oben der Nebel.
Wir treffen zwei kanadische Studentinnen wieder, mit
denen wir am Abend auf der Hütte gesprochen haben,
und beschließen, gemeinsam zu einem Unterstand ab-
zusteigen, um dort zu übernachten. Es wird schon dunkel,
wir müssen uns beeilen jetzt, auch wegen der Kälte.

Dumm nur, dass wir den richtigen Weg nicht
finden. Wir gehen weiter, werden immer unsicherer.
Genau in dem Moment vertritt sich eine der Kanadierin-
nen den Fuß. So richtig. Sie kann kaum noch auftreten.
Jetzt ist die Krise da.

Wir übernehmen ihr Gepäck, schnitzen einen
Stock. Die Verletzte – ohnehin schon erschöpft – hüpft
und humpelt den steilen, rutschigen Bergpfad hinab,
so gut es geht. Es wird dunkel, nur noch die hellen Steine
des Wegs heben sich schemenhaft von den Latschen-
kiefern ab. Wir fuchteln mit einer Taschenlampe herum,
was die Sache nicht besser macht. Wir haben keine Orientierung mehr, nur noch den Weg vor uns. Wir sind alle
durchnässt.

Dann passiert es so, wie ich es oft gelesen hatte,
aber nie sehr realistisch fand: Ein Licht taucht auf in der
Dunkelheit. Eine halbe Stunde später sind wir im Unterstand, wo wir uns windgeschützt umziehen und in unsere
Schlafsäcke verkriechen. Die Wolken verziehen sich, wir
liegen trocken unter einem Dach und schauen in die Sterne.

Ein paar andere Wanderer unterhalten sich
leise, ein Becher Whisky kreist, jemand singt getragene
Folksongs, die von genau dem handeln, was wir gerade
erlebt haben: der Weite des Landes, seinen Gefahren –
und dem Trost, den es spendet.

Sich verirren

Passiert es jetzt? Oder haben wir schon den Weg verloren? Oder verirren wir uns erst ganz am Schluss? Wahrscheinlich wird es irgendwann im Laufe einer längeren Wanderung passieren. Und wir werden es hassen.

Oder, wie Rainer Brämer es sagt: »Die Vermeidung von offenkundigen Umwegen scheint ein tief verwurzelter Habitus der Spezies Mensch im Umgang mit der Landschaft zu sein.« Zugleich erinnert er daran, dass Wandern praktisch immer ein Umweg ist. Denn wir könnten auch einfach zu Hause bleiben oder andere, schnellere Verkehrsmittel wählen.

Selbst mit einer guten Karte und Wegbeschreibung, sogar mit GPS kann man sich verirren. Die Landschaft lässt sich nicht komplett in geometrische Linien zerlegen, sie lässt sich nicht so weit zähmen, dass sie keinen Widerstand mehr bieten würde. Wege verstecken sich zwischen Büschen, wachsen zu, werden unpassierbar. Markierungen verwittern, Wegweiser werden verdreht. Karten haben Risse an den entscheidenden Stellen. Apps zeigen Wege, die es nicht gibt, und unterschlagen Wege, die wir nehmen könnten. Akkus geben im falschesten Moment den Geist auf. Das ist alles nichts Dramatisches. Das ist Draußen gehen.

Und dann stehen wir da und ärgern uns oder machen uns Sorgen. »Es gehört zu den Geheimnissen des Wanderns, warum eine solche Erfahrung (...) die eigene Moral derart untergraben kann«, sagt Jürgen Wiebicke: »Denn wenn man doch freiwillig und gern 25 Kilometer läuft, wieso entnervt einen dann der kleine Umweg?« Sein Fazit: »Sich zu verlaufen gehört zum Wandern, aber gelegen kommt es nie.«

Unsere kleinen Komplikationen sind nur ein ferner Reflex dessen, was Wanderern früherer Jahrhunderte begegnete: keinerlei Wegweiser und Karten nämlich, dafür kriminelle Führer, Räuber, Schlammlawinen, wilde Hunde, Wölfe und Bären. Das lässt sich höchst unterhaltsam bei Johann Gottfried Seume nachlesen. Sein »Spaziergang nach Syracus« im Jahr 1802 lässt kaum ein Abenteuer aus, obwohl er ihn

Wir können zwar

                                        Resonanz
mit einer Landschaft spüren,

                                    uns mit ihr
                                 einschwingen,

aber sie wird niemals
auf unsere Bedürfnisse reagieren.

tatsächlich wie einen Spaziergang schildert. Wandern hieß damals: Leib und Leben riskieren.

Solche Momente ergeben sich nicht zufällig in und nach Grenzsituationen. Als Wanderer – zumal im Gebirge – setzen wir uns Kräften aus, die unberechenbar sind. Unverfügbar, so nennt es der Soziologe Hartmut Rosa: Wir können zwar Resonanz mit einer Landschaft spüren, uns mit ihr einschwingen, aber sie wird niemals auf unsere Bedürfnisse reagieren. Die Landschaft bleibt für sich. Deshalb kann selbst die beste Vorbereitung und das aufmerksame Beobachten der Landschaft nicht ausschließen, dass sich Erschöpfung, schlechtes Wetter und eine Verletzung zu einer Krise verbinden. Wenn dann noch die Zeit davonläuft, ist Schluss mit lustig.

Nach einem Moment der Verzweiflung jedoch springt ein anderes, unbewusstes Programm an. Mit ein bisschen Gespür für die Situation, ein bis zwei kühlen Köpfen und einer Portion Mut lässt sich fast alles durchstehen. Selten endet eine Wanderung in der Katastrophe, immer aber kommt eine Geschichte dabei heraus, die wir noch nach Jahren erzählen. Sie handelt von einer Landschaftsbegegnung mit echten Tiefen und Höhen.

Beides geschieht uns recht. Wir haben uns herausgewagt aus allem Komfort. In Krisen scheint sich das zu rächen. Ich möchte dann zuerst schimpfen wie ein Rohrspatz: auf das Wetter, die fehlerhafte Tourbeschreibung, den lahmen Mitwanderer – was auch immer. Das ist natürlich sinnlos und lächerlich. Also muss ich mich besinnen, und zwar schnell. Nach vorn schauen, etwas aus der Situation machen, Lösungen finden, angemessen handeln. Und genau das bewirkt hinterher, dass etwas bleibt vom Kontakt mit der Landschaft – und mit mir selbst. Genau das lässt sich auf andere Lebenssituationen übertragen. Andrea Deisen sagt es so: Wandernde sind gezwungen zur »größtmöglichen Offenheit und Flexibilität in ihrem Verhaltensrepertoire«. Draußen gehen macht uns lebenstüchtig.

Damit Sie mich richtig verstehen: Bitte fordern Sie Ihr Glück nicht heraus. Sorgen Sie vor, gehen Sie vernünftig. Dennoch: Es wird kleinere und größere Krisen geben. Wenn es soweit ist, nehmen Sie sie an! Die Landschaft fordert Sie, nehmen Sie es wie eine Aufforderung zum Tanz.

Genau das ist übrigens der Haken beim populären Genusswandern: Liebe Genusswanderer, liebe Designer von Premium- und Qualitätswanderwegen, nehmen Sie es mir nicht übel, aber Ihre Wege sind zu schön. Sie erscheinen mir dramaturgisch durchgestylt, ausgemessen, perfekt markiert. Und damit auch berechenbar. Ich fühle mich zuweilen geradezu erschlagen von ihrer Schönheit. Verhindert das nicht die authentische, oft ungemütliche Begegnung mit der Landschaft? Solche Wege, sagt Ulrich Grober, schränken die »Phantasie- und Bewegungsfreiheit ein«. Auch ich habe es gern ein bisschen freier und rauer, verstehe aber den Nutzen von Premiumwegen, zum Beispiel für unerfahrene Wanderer oder Familien. Und wünsche allen, die sich auf detailliert beschriebenen, genial ausgebauten Wegen wohlfühlen, viel Geh-Genuss.

Vielleicht sammeln Sie ja auf solchen Wegen die Erfahrungen, die Ihnen später schwierigere Touren ermöglichen. Dort könnten sie dann das spüren, was der Philosoph David Le Breton einmal »die Wiederverzauberung von Zeit und Raum« genannt hat. Beim Wandern wird die Umgebung wieder überraschend. Manchmal mehr, als uns lieb ist.

Umkehren

Wenn es denn passiert ist, wenn wir uns verlaufen haben, werden wir stehenbleiben, den anschauen, der verantwortlich ist, und ungläubig fragen: »Wie, das müssen wir jetzt alles zurück? Das meinst du nicht ernst.« Jemand hat die Karte falsch gelesen, einen Wegweiser übersehen, die Lage falsch eingeschätzt. Das tut weh. Besonders wenn man selbst derjenige ist.

Denn immerhin laufen wir schon auf Reserve. Wir setzen alles frei, was wir noch haben an ungeahnten Kräften. Wir wachsen über uns hinaus! Und mitten in diese Parade fährt uns der Irrweg. Wir müssen umkehren.

Es wäre allzu billig, an dieser Stelle von den Freuden des Umkehrens zu faseln. Umkehren nervt. Die Stimmung kippt.

Viele Wanderer mobilisieren die letzte Energie, rennen geradezu, um nur wieder auf den richtigen Weg zu kommen. Dialog mit der Landschaft: gleich null, außer man hält Schimpfkanonaden für Dialoge.

Am Deich: Landschaft der Linien

Gibt es eine Gegend, in der man sich nicht verlaufen kann? Vielleicht ja: das Land am Deich. Dort geht man in eine Richtung, immer am Deich entlang. Dann dreht man um und geht wieder zurück. Dafür braucht es keine Karte.

Klingt langweilig. Deiche müssten der Inbegriff einer eintönigen, uninteressanten Landschaft sein. Nicht die Kräfte der Natur haben sie geformt, sondern Ingenieure und Bagger. Wie soll da ein Dialog mit der Landschaft zustandekommen?

Es ist anders. Deichlandschaften üben eine eigene Faszination aus. Die großen Linien sind vorgegeben, unübersehbar. Deiche bieten weite Perspektiven, dazu eine Klarheit und, ja, Ordnung, die sonst schwer zu finden ist. Das Auge ruht. Das muss der Grund sein, warum Deichspaziergänge so beliebt sind – bei Norddeutschen, bei Urlaubern, bei den Anwohnern der großen Flüsse.

An diesem frostigen Sonntagmorgen im Januar entdecke ich die Linie des Elbdeichs schon aus der Ferne, mattweiß glimmt sie im hellgrauen Dunst. Die Sonne wird erst in einer halben Stunde aufgehen. Ich bin allein in der Weite der Elbmarschen, westlich von Hamburg, dort, wo die Besiedlung endet und der Horizont sich wie ein Fächer auffaltet. Ich steige aus dem Auto und atme tief ein. Minus sieben Grad, blauer Himmel, kaum getrübt von einer Wolkenschicht aus dünner Watte, die sich am Vormittag auflösen wird. Glitzernd strömt die Luft in meine Brust, dampfend heraus.

Der Deich versperrt Sicht und Weg. Dichter Raureif bedeckt die Nordseite. Wenn ich mich hinunterbeuge zum Gras, sehe ich Tausende winziger weißer Halme, jeder einzelne mit Eiskristallen besetzt. Ein filigraner Teppich, unter dem der Boden sanft zu leuchten scheint.

Ich gehe den Deich hinauf, zerstöre die Schönheit: Jeder Schritt hinterlässt einen dunklen Fußabdruck. Ich gehe weiter, weil ich von oben hinunterschauen will – ein Impuls, vielleicht der gleiche, der Extrembergsteiger antreibt. Von der Deichkrone aus sehe ich weit hinein in das Bett des großen Stroms. Vor mir das Deichvorland, Strand und Watt, es herrscht Ebbe. Dahinter stilles Wasser zwischen Buhnen, dann das schillernde Band der Fahrrinne, durch die sich ein Frachter schiebt. Ich stehe auf dem breitesten Aussichtshügel, den man sich vorstellen kann, und spüre, was die Landschaft in mir bewegt. Wenn Spannung von einem Menschen abfallen kann, wie man sagt, dann sinkt hinter mir jetzt ein alter grauer Umhang zu Boden.

Es gibt hier nichts zu wollen und zu erreichen. Atmen und da sein, mehr nicht.

Ein fernes Brummen von dem Frachter, ansonsten ist es still. Kein Windzug. Der Rauch eines Kraftwerks steigt fast senkrecht ins blasse Blau. Von Westen her taucht ein Containerschiff aus dem Dunst auf, es scheint über der Landschaft zu schweben. Ich gehe langsam auf das Traumbild zu, lasse es von Minute zu Minute größer und wirklicher werden, vorbeiziehen und verschwinden. Höre das leise Knirschen unter meinen Sohlen, genieße den Frost.

Rechts öffnet sich die Marschlandschaft, platt wie ein Schreibtisch. Erst der zweite Blick entdeckt, wie vielfältig sie ist. Hecken ziehen sich hindurch wie Bleistiftstriche auf weißem Papier. Gräser und Büsche schimmern in Pastelltönen. Dazwischen strecken Eichen ihre vereisten Äste in tausend Winkeln empor.

So üppig sind sie mit Reif umhüllt, dass ich kurz an eine verfrühte Kirschblüte glauben möchte.

Die ersten Jogger kommen. Bei diesem Wetter werden in zwei, drei Stunden die Sonntagsspaziergänger und Radler in Scharen eintreffen. Nicht trotz, sondern wegen der Kälte. Weil sie wissen, was die klare Luft mit ihnen macht. Weil sie hier die großen Linien finden, die manchmal schmerzhaft fehlen.

Verirren wird sich hier und heute keiner.

Immer weitergehen

Die letzten Meter, manchmal sind es auch Kilometer. Zu viele, um sich dem Ziel nah zu fühlen. Zu wenige, um zu fürchten, es sei nicht mehr zu schaffen.

Mechanisches Gehen, ein Schritt vor den anderen. Mit dem federnden Voranschwingen vom Anfang der Wanderung hat das nicht mehr viel zu tun.

Ankommen

Und dann ist die Tour plötzlich vorbei. Wir stehen am Auto, am Bahnhof, an der Hütte. Und sind vielleicht erst mal gar nichts, weder erleichtert noch betrübt. Wir sind angekommen, aber noch nicht da. Das kann schon mal mehr als ein paar Minuten dauern.

Vielleicht nimmt man diese innere Leere, die aus der Erschöpfung kommt, am besten mit etwas Humor. So machte es einer der frühesten Wander-Autoren, der japanische Dichter Matsuo Basho, der im Jahr 1689 durch unzugängliche Berge wanderte: »Heute überwanden wir die schwierigsten Bergübergänge der Nordprovinzen«, notiert er. »Sie heißen: ›Kennt-keine-Eltern‹, ›Kennt-seine-Kinder-nicht‹, ›Da-kehrt-jeder-Hund-um‹ und ›Pferd-wird-heimgeschickt‹. Diese hatten mich dermaßen erschöpft, dass ich mich nur noch hinlegen konnte.«

Ausruhen ist das Beste. Wir haben viel von uns gefordert, jetzt erschlaffen die Sprungfedern der Disziplin.

Tropen: Gehen in der Dampfsauna

Wandern in Hongkong ist eine spezielle Erfahrung.
Man kann zwischen zwei Terminen mal eben eine der
schönsten Stadtwanderungen der Welt machen: einfach
rauffahren zum Victoria Peak, zum höchsten Punkt
der Insel Hongkong Island, und einen wunderschönen
Rundweg gehen. Breit, eben, gut gesichert – und
mit spektakulären Aussichten gesegnet. Die dicht mit
Hochhäusern bebauten Nachbarinseln wirken von hier
wie Nadelkissen auf einem blauen Tuch.

Etwas schwieriger wird es mit dem Wandern,
wenn man ausgerechnet im August eine der Touren im
Hinterland gehen will. Wir starten trotz des schwül-
heißen Tropenklimas und sind nach fünf Stunden mit
vielen hundert Höhenmetern auf eine Art und Weise
geschafft – ausgelaugt, ausgepresst –, die mir neu ist.
Als wenn ich auf einem Laufband gegangen wäre, das
mitten in einer Dampfsauna aufgestellt ist. Die Aussichten sind erwartungsgemäß Weltklasse. Aber nebenbei
lässt mich die Sorge um unsere Wasservorräte nicht
ganz los. Bald wollen wir nur noch eins: zurück in die
Stadt, ins Hotel, unter die Dusche.

Der bestens markierte Weg endet zwischen zwei
Wohnsilos. Einen Stadtplan für diese abgelegene Ecke der
Sieben-Millionen-Metropole haben wir nicht. Die staubige Zufahrtstraße zieht sich lang und länger. Der Bus
kommt frühestens in einer Stunde. Das »Wanderpara-
dies Hongkong« macht es uns gerade nicht ganz leicht.

Wir mobilisieren letzte Kräfte, gehen weiter
zwischen Baustellen, auf denen auch am Abend noch die
Presslufthämmer dröhnen. Fragen uns durch – und finden schließlich ein Taxi statt der gesuchten S-Bahn. So
kompliziert war Ankommen seitdem zum Glück selten.

Den nächsten Tag verbringen wir zu großen
Teilen wieder am Victoria Peak. 50 Minuten braucht
man für die Runde, wenn man zügig geht. Wir nehmen

uns drei Stunden, aber es wird nicht langweilig. Wir schauen uns die Berge von gestern aus der Ferne an, freuen uns am herrlichen Wetter und haben viel über klima-angepasstes Wandern gelernt.

Heimkehren

»Ich bin noch ganz erfüllt« – das höre ich oft von Gehenden. Der Kontakt mit der Landschaft weckt etwas, das ansonsten hinter Türen und Scheiben vor sich hindämmert. Wir erfahren uns selbst anders da draußen. Das mag an der Vielzahl der Sinneseindrücke liegen, an Sonne, Hitze, Regen und Wind. Oder an der Wahrnehmung, die sensibler war, weil wir ganz da waren in unserem geforderten Körper. Und anders als auf einem Großstadtboulevard sind die Eindrücke draußen in der Landschaft nur genau so komplex, wie unsere Sinnesorgane sie verarbeiten können. Anders gesagt: Unsere Sinnesorgane sind auf die Landschaft hin ausgelegt. Sich in der Landschaft zu bewegen, auf ihre Reize und Gefahren zu reagieren – das ist das evolutionäre Programm, die tiefere Logik, die hinter unseren wunderbaren Sinnen steckt. Draußen passt menschliche Wahrnehmung optimal zur Umgebung.

Das gilt speziell für unser Raum- und Zeitgefühl. Wenn wir draußen gehen, bekommt der Raum seine »ursprünglichen Dimensionen« wieder, schreibt Ulrich Grober: »Wir fühlen, riechen und hören ihn. Wir spüren ihn unter der Fußsohle, mit Haut und Haaren.« Zugleich tritt nach seiner Beobachtung die lineare Zeit in den Hintergrund: »Wir spüren stärker den kreisförmigen Rhythmus der Tageszeiten und Jahreszeiten. Unser Zeitgefühl klinkt sich, wenn wir es zulassen, in die kosmischen Zyklen ein.« Anders gesagt, der moderne Mensch, der keine Grenzen zu kennen scheint, reduziert sich beim Gehen auf das menschliche Maß.

Ankommen nach einer Wanderung, das bedeutet folglich auch, dieses menschliche Maß hinter sich zu lassen – und damit die optimale Passung zur natürlichen Umwelt. Unser Hirn muss wieder Alltagsarbeit leisten. Das ist ein Verlust von intuitiver

Draußen gehen
öffnet emotionale Rückkanäle
in die Vorgeschichte
unserer Gattung.

Es bringt uns in Berührung
mit verschütteten

Kräften
und Fähigkeiten.

Sicherheit und Wohlgefühl, von Eins-Sein mit der Umgebung.

Die andere Seite des Heimkehrens ist der Schutz. Wer stundenlang gegen eisige Windböen angegangen ist, weiß, wie sich der Windschatten eines Hauses anfühlt, wie leicht es sich plötzlich auf einer von Häusern gesäumten Straße geht, wie rettend einem die Wärme hinter einer Fensterscheibe vorkommen kann. Zivilisation ist nicht nur Entfremdung, sondern auch ein unglaublicher Zugewinn an Sicherheit und Komfort.

Kein Grund also, sich in Wanderromantik zu verlieren. Draußen gehen öffnet emotionale Rückkanäle in die Vorgeschichte unserer Gattung. Es bringt uns in Berührung mit verschütteten Kräften und Fähigkeiten. Was für eine Chance, sich durch Gehen zurück in eine natürliche Balance zu bringen! Zugleich aber steht außer Frage: Unser Alltag bietet Wesentliches an, ohne das wir nicht überleben könnten: Sicherheit, medizinische Versorgung, komplexe soziale Beziehungen.

Dieser Widerspruch lässt sich auflösen, wenn wir Draußen gehen als die perfekte Ergänzung zu unserer Lebensweise erkennen. Es macht uns gesund und psychisch stabil. Aber es ist keine Alternative zum sesshaften Leben mitsamt Beruf, Familie und all den Menschen und Gegenständen, die uns wichtig sind.

Nach Hause kommen

Zu Hause. Wenn ich von draußen heimkomme, erlebe ich beide Bestandteile dieses Ausdrucks sehr intensiv: »zu« und »Haus«. Nach einem längeren Aufenthalt im Freien erscheinen schon Autos und Züge als das, was sie sind: Kapseln, welche die Insassen vom Draußen trennen. Erst recht dann das Haus, und die Luft darin, die plötzlich abgestanden wirkt. Der merkwürdige Sound in geschlossenen Räumen – isolierte Stimmen, nicht durchwoben von Vogelstimmen und Wind. Ich komme mir vor wie in einem Tonstudio.

Die Befremdung allerdings wird überlagert von einer Welle der Vertrautheit. Menschen kommen nahe, Blicke, Berührungen und Gespräche verbinden uns. Wir werden wieder wir selbst im sesshaften Modus.

Mit kleinen Unterschieden: Die Landschaft hat Spuren in uns hinterlassen. Vielleicht ein Gefühl von Stärke und Stolz über die eigene Leistung, vielleicht eine größere Gelassenheit, vielleicht auch etwas mehr Abstand zu einem Problem oder zu dem, was andere von uns wollen. Es kann sein, dass wir uns fremd fühlen oder andere uns als fremd empfinden.

Wahrscheinlich heißt fremd aber in diesen Momenten: eigenständiger, mehr bei sich.

Den Weg mitnehmen

Etwas in mir geht noch immer. Die märchenhafte Passage durch den Wald, auf einen Lichtschimmer zu, flimmert noch nach. Der glitschige Abstieg, auf dem Böen von der Seite einfallen, ist noch da; die Erleichterung, als wir die Baumgrenze erreichen. Ebenso die letzten Meter zum Aussichtspunkt. Die Erlösung, als wir den richtigen Weg wiederhaben.

Es ist wie nach einem guten Kinofilm: Einige Szenen nehmen wir mit nach Hause und sehen sie auch am nächsten Tag noch vorm inneren Auge. In diesem Sinne können wir nach einer guten Tour sagen: Ich habe den Weg mitgenommen.

In den Küstenbergen:
Der Frieden nach dem Kampf

Manchmal gehe ich immer noch diesen Weg – die letzten Kilometer, mit Blick auf die warmgelben Lichter von Frigiliana, einem Bergdorf in Andalusien. Tief ausgetreten ist der Bergpfad durch die Macchia, links schimmert das Mittelmeer im letzten Abendlicht, rechts über mir die steilen Hänge der Küstenkette. Ich gehe leicht und sicher, alles in mir ist friedlich. Das ist einer der schönsten Augenblicke meiner Wanderungen.

Er folgt auf schlimme Momente. Und das liegt nicht am Weg und an der Landschaft. Das Schlimme kommt aus mir selbst; ich bin in eine kleine psychische Krise hineingewandert.

Erst am Nachmittag bin ich gestartet, zu spät, bei düsterem Wetter. Ich habe nur eine Skizze, kenne die Gegend nicht, finde zuerst keinen Weg. Dann muss ich weit in einen Barranco hinabsteigen, ein tief in die Landschaft geschnittenes Bachbett. Die Zeit vergeht, ich werde unruhig wegen der einsetzenden Dämmerung, ich beginne zu laufen. Jetzt wieder raus aus dem Barranco, einen unübersichtlichen Steilhang empor, viele Höhenmeter auf schmalem Pfad. Ich gehe eckig, ramme die Stockspitzen in gelben Lehm, gleite aus auf nassen Felsen, finde keinen Rhythmus, beginne zu keuchen.

Der Himmel hängt schwer über diesem freudlosen Aufstieg, den ich wie vorangepeitscht emporstolpere. Es geht mir nicht gut. Und weil es mir nicht gut geht, gehe ich noch schneller. Ich steigere mich hinein in die Anstrengung und eine verzweifelte Stimmung.

Und mitten in diesem inneren Gewitter sehe ich plötzlich klar. Tausend Gedanken und Gefühle fallen zu einem Bild zusammen, das lange unsichtbar geblieben ist. Es ist Krieg, mein Krieg, ich bin im Krieg. Ich kämpfe, renne diesen Berg hinauf wie ein Soldat unter Beschuss. Ich trage mehr, als für meine jungen Knochen gut ist, habe Erfrierungen an den Füßen, bin wund von allem, was ich schon gesehen habe in diesem verrückten Krieg. Und will trotzdem ein guter Soldat sein – weil nur das mir noch Halt gibt.

Auf diesem Wegstück in Andalusien bin ich für einen winzigen Moment mein Vater, deutscher Gebirgsjäger, 1944 in den französischen Alpen, 18 Jahre alt. Ein schmaler Kerl, der seinen kleinen, wirren Kampf in einem großen wahnsinnigen Krieg bestehen muss. Auf diesem Wegstück spüre ich die Einschläge, sehe die anderen liegen, die nicht schnell genug waren.

Ich bleibe nicht stehen, stürmte zuerst weiter, aber dann verliert mein sinnloser Angriff rasch an Tempo. Als der Weg den Rand des Barranco erreicht hat und sich fortan leicht über die Hänge schwingt, während die Lichter des Dorfes den Weg weisen, ist plötzlich alles ruhig und gut.

Nach dieser Vision weiß ich, dass ich jetzt genug für meinen Vater getan hatte, seine Kriegserfahrungen oft genug nacherlebt habe – manchmal bewusst, meist unbewusst. Es ist Zeit, mit dem Kämpfen aufzuhören. Es ist Zeit, nach Hause zu gehen, Frieden zu schließen mit der Vergangenheit. »Der Krieg ist vorbei«, dieser Satz hallt seitdem in mir nach.

3
Mit allen Sinnen in der Landschaft

Erfahrungen und Impulse

Vielleicht hat dieses Buch Ihre Lust geweckt, draußen zu gehen.
Oder vielleicht tun Sie das schon längst und immer wieder –
und jetzt noch ein bisschen bewusster. Dann möchte ich mit
Ihnen zum Abschluss über ein paar Fragen nachdenken: Wie
funktioniert das gute Gehen für Sie, ja, für Sie ganz persönlich?
Wie macht es Spaß, wie entfaltet es seine heilsame Wirkung?

Dazu ein paar praktische Fragen und Impulse: Wo gehen
Sie? Welche Wege suchen Sie sich? Was nehmen Sie mit? Was
machen Sie bei Dauerregen?

Lob des zweiten Blicks

Bei der Frage »Ins Flachland oder in die Berge?« rufen die
meisten klassisch geprägten Wanderer: »Auf in die Berge!« Ist
ja klar: Der Dialog mit der Landschaft funktioniert dort am
leichtesten, wo sie uns expressiv begegnet, nämlich in Form von
tiefen Tälern, steilen Berghängen, von Bäumen gerahmten
Panoramablicken und Wasserfällen. Anders gesagt: Wer in die
Berge geht, verschickt bessere Selfies. Falls Sie also Ihr Geld als
Influencer verdienen: Auf in die Alpen, dann in den Kaukasus,
in die Anden und den Himalaya!
    Da allerdings zeigen sich zwei Schattenseiten. Zum
einen die des klassischen Wanderns: Es ist nicht frei von einer
Schneller-höher-weiter-Ideologie. Die expressive Landschaft
regt zu einer egozentrischen Haltung gegenüber der Natur an.
Gipfel sind zu erobern, Wege zu bezwingen, die eigene Erschöpfung ist niederzukämpfen. Zum anderen gibt es den Trend zum
Instagram-Account-Füll-Wandern. Draußen gehen zielt dann
nur noch auf verdichtete Erlebnisqualität und Zurschaustellung
im Netz. Mit dem ruhigen, gleichmäßigen Gehen, das uns den
Kopf freimacht, hat beides wenig zu tun.
    Deshalb möchte ich hier ein Plädoyer für Landschaften
und Wege halten, die dem ersten Blick nicht viel bieten. Flachland und Hügelland entfalten ihre Reize erst auf den zweiten
Blick. Geübte Tiefebenen-Geher beobachten zum Beispiel,
wie sich Brombeerhecken, Weidezäune und mächtige, einzeln

stehende Bäume gegeneinander verschieben – wie rollende Kulissen in einem Theater. Sie entdecken winzige Hügel, von deren Rücken aus sich erstaunliche Perspektiven ergeben. Im Hochgebirge sind die Reize so offensichtlich, dass man die Landschaft kaum noch genau betrachtet. Bei flachem Relief gestaltet sich der Dialog mit der Landschaft oft intensiver, weil die Gehenden wie von selbst achtsamer werden.

Himmelsbilder: Anregung zur Motivsuche

Ich liebe es, im Flachland und anderen reizarmen Gegenden auf das Spiel der Wolken zu achten, inklusive Nebel, Regen und Schnee. Es bilden sich große Flächen in vielfältigen Grauschattierungen, die auf stille Weise schön sind. Mir fällt dazu das Wort Zen ein. Das (scheinbare) Nichts offenbart sich in Fülle. Sobald Seen, Flüsse oder das Meer in der Nähe sind, ergeben sich Spiegelungen und indirekte Lichteinfälle. Die Natur bringt ein Gemälde nach dem anderen für uns hervor, und das auch noch im Wahnsinnsformat eins-zu-eins.

Wenn Sie Ihren Blick für solche Szenerien schärfen wollen, gehen Sie eine halbe Stunde schweigend und stellen Sie sich dabei vor, Sie wären eine Landschaftsmalerin oder ein Zeichner auf Motivsuche. Wo würden Sie Ihre Staffelei aufstellen, welchen Landschaftsausschnitt wählen, welche Farben, welchen Pinselstrich, welchen Stift? Abends könnten Sie dann versuchen, solch ein Gemälde aus dem Gedächtnis zu skizzieren.

Schöne Landschaften – oder: Was gefällt Ihnen persönlich?

Natursoziologen wie Rainer Brämer können sehr genau benennen, was die meisten Wanderer unter einer schönen Landschaft verstehen. Diese Landschaft sollte naturnah sein, also viel Grün bieten, es sollte Wasser darin vorkommen (Flüsse, Bäche, Seen,

144

das Meer), weite Blicke sollten möglich sein, am besten schön gerahmt von Bäumen. Auch ein attraktiver Blickfang in der Ferne ist begehrt, zum Beispiel eine Burg.

Woher kommt aber diese kollektive Vorstellung von einer schönen Landschaft? Vieles davon geht auf unsere prähistorischen Vorfahren zurück, die in der offenen Buschsavanne lebten. Denen ging es gut, wenn sie Wald, Grasland und Wasser nah beieinander vorfanden. Wald, um Früchte und Beeren zu sammeln und sich darin vor Fressfeinden zu verstecken. Grasland, weil dort Beutetiere weithin sichtbar waren. Wasser, weil die frühen Menschen es selbst brauchten und es Tiere anzog oder Fische darin lebten.

Wenn wir heute aus einem Wald treten und über ein Tal mit Wiesen und Bächen schauen, dann läuft im Hirn ein ähnliches Programm ab wie bei unseren Vorfahren. Zwar setzen wir uns nur auf eine Bank am Waldrand und sind bester Laune über die schöne Aussicht, während die Frühmenschen sich mit dem Speer auf die Lauer legten. Aber das Gefühl »Hier bin ich richtig« hat sich erhalten. Rainer Brämer nennt das ein »erstaunlich konsistentes Mosaik archaischer Verhaltensmuster«.

Interessanterweise haben Maler und Dichter von der Renaissance bis zur Romantik genau solche Landschaften besonders gern porträtiert. Mir wurde das klar, als ich Mittelitalien entdeckte und spürte, dass diese Landschaft mich regelrecht glücklich machte. Mit der Zeit verstand ich, dass ich — etwa im Valle Umbra bei Assisi oder östlich von Rom — auf Landschaften schaute, die schon seit Jahrhunderten, wenn nicht seit der Antike, als Sinnbild des Schönen galten. Ebenso glaube ich nicht, dass ich einen Tannenwald im Licht eines Sommerabends betrachten kann, ohne dabei mitzudenken, was Eichendorff, Heine und andere Dichter über den Wald geschrieben haben. Damals war es ja so: Es »musste ein Dichter und Denker, der was auf sich hält, einen Erlebnisbericht einer wilden Landschaft hinbekommen«, wie Dirk Schümer schreibt. Solche Stimmungsberichte sind gespeichert in unserem kulturellen Gedächtnis, sie leben in unserer Wahrnehmung fort. Aber nicht nur dort. Sie sind unabdingbare Voraussetzung für heutige

Selbstverständlichkeiten wie Denkmalschutz und Naturschutz, erklärt Schümer. Auch die deutsche Umweltbewegung seit den siebziger Jahren griff – eher unbewusst – auf Wahrnehmungsmuster der Romantik zurück.

Unsere Landschaftswahrnehmung ist also ebenso genetisch vorgeprägt wie kulturell. Das Gefühl »Hier bin ich richtig« ist beim Wandern auf zweierlei Art präsent: einerseits indem wir intuitiv die Überlebensbedingungen einschätzen, andererseits indem wir ästhetische Urmuster wiedererkennen. Vielleicht sogar psychische Archetypen – oder warum nennen wir eine schöne Landschaft so rasch »märchenhaft«?

Das zu wissen heißt aber noch nicht, immerzu Landschaften zu suchen, die in diesem Sinne schön sind. Im Gegenteil: Es fordert uns auf, herauszufinden, welche Landschaft uns ganz persönlich gefällt, also eine Resonanz in uns auslöst – ein starkes, zunächst unerklärliches Gefühl der Verbundenheit.

Eine Landschaft, auf die viele reagieren, ist übrigens die »alte bäuerliche Kulturlandschaft Mitteleuropas« mit ihrer typischen »Flickenteppichstruktur«, wie Ulrich Grober es nennt, also der »in zahllosen Generationen geschaffenen und tradierten, kleinteiligen und sorgfältig ausgewogenen Gemengelage von Wald und Flur, Weg und Dorf, Stadt, Land und Fluss«. Diese Landschaft zeugt von einer jahrhundertelangen Anpassungsleistung der Menschen. Wenn wir hindurchgehen, vollziehen wir unbewusst den Dialog vieler Generationen mit ihrer natürlichen Umgebung nach.

Seelenlandschaften: Suchen und finden

Welche Landschaften fallen Ihnen ein, in denen Sie sich intuitiv wohl gefühlt und im doppelten Wortsinn angekommen gefühlt haben? Wahrscheinlich wird die Landschaft dabei sein, in der Sie als Kind und junger Mensch aufgewachsen sind. Aber ist Ihnen das gleiche Gefühl auch schon woanders begegnet?

Was ich meine ist etwas mehr als ein bloßes »Hier ist es schön!« Jeder findet einen Sonnenuntergang am

Meer schön. Hunderttausende fahren mit der Seilbahn ins Hochgebirge und erfreuen sich an der Aussicht. Dabei stellt sich aber sicher nicht jedesmal ein Gefühl tiefer Resonanz ein. Resonanz bedeutet hier: Etwas in mir kommt ins Schwingen; ich möchte hier nicht so rasch wieder fort; ich bin mir sicher, dass ich wiederkomme.

Wenn Sie sich an eine solche Landschaft erinnern (oder schon einmal ein Bild davon gesehen haben): Was ist es, das Sie so anspricht? Was macht die Landschaft zu Ihrer Seelen- und Sehnsuchtslandschaft? Warum kommen Sie wieder?

Und schließlich, wenn Sie dann etwas besser verstehen, warum diese Landschaft Sie so berührt: Welche Aspekte oder Anteile davon können Sie in Ihr Alltagsleben holen? Es wird kaum so sein, dass Sie gleich ein Ferienhaus mit diesem Blick kaufen oder mieten. Reicht vielleicht ein Foto zu Hause im Wohnzimmer? Gibt es Arbeiten von Künstlern, die sich mit dieser Landschaft auseinandergesetzt haben? Könnten Sie einen Gegenstand mitnehmen, der Ihnen etwas bedeutet? Könnten Sie die Beziehung zu dieser Landschaft stärken, indem Sie Beziehungen zu den Menschen aufbauen, die dort leben?

Das Wetter: Problem oder Chance?

Bei welcher Regentropfen-Intensität beginnt Dauerregen? Bei wie viel Niederschlag bleiben Sie lieber zu Hause?

Schon Tage vorher schauen wir in die Wetter-App: Dort sieht die Sache immer verdächtig klar aus. Komplexe Wetterlagen werden mit Symbolen und Zahlen vorhergesagt – und das sogar acht oder 16 Tage im Voraus. Metereologen räumen aber ein, dass Vorhersagen über drei Tage hinaus sehr unsicher sind. Wer den Angaben in der App vertraut, wird erfahren, dass das Wetter auch komplett anders sein kann. In Mittel- und Westeuropa gibt es selten wirklich verlässliche Wetterlagen, das kann keine App der Welt ändern. Wettervorhersagen und speziell

Wetter-Apps sind eine Hilfe für die Entscheidung, ob man losgeht oder weitergeht. Mehr aber nicht. »Entscheidend is' auf'm Platz«, sagen Fußballer. »Entscheidend is' auf'm Weg«, sagen erfahrende Wanderer.

Aber auch dort bietet sich oft ein unklares Bild. Das Wetter sagt uns nicht, wie es in einer oder fünf Stunden sein wird. Glücklich, wer das als Teil des Wandererlebnisses ansieht. Das Wetter ist nicht etwa ein Begleitumstand der Wanderung – manchmal lästig, manchmal schön. Wandern ist Wetter. Denn Wandern ist die Begegnung mit einer Landschaft, und zu der gehört das Wetter, das dort gerade herrscht. Diese Begegnung wird nicht automatisch gut durch blauen Himmel, genauso wenig wie Regen automatisch für Dauerhusten sorgt. Es kommt darauf an, sich zum Wetter zu verhalten.

Ich habe übrigens oft erlebt, dass dichter, andauernder Regen angesagt war, ich mich aber im Verlauf von fünf, sechs Stunden nur einmal kurz unterstellen musste – ansonsten herrschte abwechslungsreiches, durchaus angenehmes Wetter. Den umgekehrten Fall (gute Voraussage und dann Dauerregen) gab es auch, aber, wenn die Erinnerung mich nicht täuscht, deutlich seltener. Wenn wechselhaftes Wetter angesagt ist – freuen Sie sich! Dann werden Sie was zu erzählen haben. Von der besonderen Stimmung einer Heidelandschaft unter dichten Wolken zum Beispiel. Von den Durchsichten im Bergland, als plötzlich die Wolken aufrissen. Von dem irren Schauer, der in Minuten vorbei war. Oder von dem irischen Dauerregen, dessen winzige Tropfen sofort wieder abtrockneten. (Mehr dazu in meinem neuen Buch »Regen. Eine Liebeserklärung…«, s. S. 175.)

Ein wolkenfreier, knallblauer Himmel ist ästhetisch längst nicht so reizvoll wie ein leicht bewölkter. Seit Jahrhunderten gestalten Maler auf ihren Bildern den Himmel. Den meisten war und ist blauer Himmel zu öde. Erst Wolken geben Stimmung. Stellen Sie sich ein barockes Schlachtengemälde oder die berühmten Bilder des Expressionisten Emil Nolde ohne Wolken vor.

Im Internet gibt es viel zu lesen über Wolken. Cloudspotter zeigen Wolkenbilder und erklären die verschiedenen

Formen, von der Altostratus- bis zur Cumulonimbus-Wolke. Tatsächlich kann Wolkenbeobachtung dem Wandern einen besonderen Reiz geben. Wolkenbilder halten Informationen zur Wetterentwicklung bereit. Sie regen die Phantasie an. Und sie rahmen den blauen Himmel, den wir so mögen, und machen ihn dadurch blauer und spannender.

Wenn wir uns von dem Wunsch nach schönem Wetter nicht kirre machen lassen, dann öffnet sich unser Blick für das ganzjährige Gehen. Wir entdecken die Schönheit der Landschaft auch außerhalb der klassischen Wandersaison von Mitte März bis Ende Oktober, etwa in einem Buchenwald im Dezember, dessen Braun- und Grautöne in hundert Schattierungen schillern. Oder im Februar, wenn überall im Wald erste Anzeichen des Vorfrühlings sichtbar werden, wie der schreibende Förster Peter Wohlleben so anschaulich erklärt. Die ersten Pollenschwänze hängen an den Haselsträuchern, die Spechte beginnen zu trommeln und das satte Grün des Mooses tritt besonders klar hervor.

Wetterkapriolen: Nicht bange machen lassen

Haben Sie auch schon erlebt, dass Freunde Ihnen vor einem Ausflug quasi stündlich mitteilen, wie die Regenvorhersage laut Wetter-App ist? Ehrlich gesagt nervt mich das. Langfristige Wettervoraussagen sind mir nicht zuverlässig genug und kurzfristige interessieren mich nur, wenn sie vor Extremen warnen: Sturm, Dauer- und Starkregen, Gewitter. Alles andere erscheint mir als ganz normales Wetter. Das gilt auch, wenn die App sagt: Wolken mit Sonne und 80 Prozent Regenwahrscheinlichkeit. Ja gut, dann wird es wohl mindestens einmal regnen. Ob für fünf Minuten oder zwei Stunden, das werden wir dann sehen. Und wahrscheinlich kommt ja auch die Sonne raus. Also erst mal losgehen!

Ich schaue ein, zwei Tage vor der Wanderung in die App. Oder, noch besser: in die ausführliche Wettervorhersage der Tagesschau oder des Deutschen

Wetterdienstes. Die stellt nämlich einen Sinn-Zusammen-hang zwischen Wetterdaten und Wetterlage her, und das hilft Wanderern am meisten (sehr detailliert sind übrigens auch die Vorhersagen auf www.meteoblue.de). Wenn extreme Wetterlagen sich ankündigen, könnte Umplanen eine gute Idee sein. Wenn nicht, lasse ich mich halt auf das Wetter ein – und mache, gemeinsam mit meinen Wanderfreunden, das Beste draus. So sind einige der hübschen Geschichten entstanden, die wir uns noch lange erzählen: die gemütliche Stunde auf einer über-dachten Laderampe, irgendwo im Nichts; oder der – erfolglose – Versuch, einen rasch anschwellenden Bach zu überqueren und dabei trockene Füße zu behalten.

Gerade im Gebirge kann es sein, dass das Wetter von Tal zu Tal verschieden ist. Ich stand an einem Bahn-hof in Vorarlberg im dichtesten Dauerregen, quasi mit-ten in den Wolken. Nach zwanzig Minuten Busfahrt in ein Seitental tröpfelte es nur noch, ein halbe Stunde berg-wärts war es trocken und die Wolken rissen auf. Wir wurden trotzdem noch patschnass an dem Tag, aber es war eine bezaubernde Wanderung.

Kurze oder lange Wege? Am besten beides

Kurze Gänge lassen sich gut in den Alltag integrieren. Ganz-tages-Wanderungen erfordern mehr Planung und Aufwand, vertiefen aber das Wandererlebnis. Und mehrtägige oder mehr-wöchige Wanderungen – wunderbar! Wer sich die Zeit dazu nehmen kann und sich entsprechend ausrüsten will, auf geht's!

Lange Wanderungen, zumal in einsamen Gegenden oder in echter Wildnis können eine geradezu lebensverändernde Wirkung entfalten. Davon berichten Skandinavien- und Nord-amerika-Fans und seit Jahrhunderten auch Pilger. Beide Gruppen bezeugen: Die Weg-Erfahrung unterstützt die persönliche und spirituelle Entwicklung des Menschen. Die Psychologin Andrea Deisen hat Menschen interviewt, die tagelang allein durch abgelegene Gegenden gewandert sind. Sie erzählen von einem intensiven Selbstfindungsprozess, unterstützt durch den besonderen Rhythmus, in den Körper und Geist sich beim Gehen einschwingen.

Das bedeutet: Wer draußen gehen will, um »Identitätsarbeit in der Natur« zu betreiben, wie der Theologe und Pilger-Experte Detlef Lienau das nennt, der sollte sich längere Strecken suchen. Nur bei einer solchen mehrtägigen Wandertour können wir mit dem uralten Schema der Veränderung in Kontakt kommen, auf das Lienau hinweist: Zuerst die Phase des Aufbruchs, das Sich-Lösen vom Gewohnten, vom Alltagszustand; dann die Schwellenphase, der Übergang in einen Zwischenzustand; schließlich die Reintegration in einen neuen Zustand. Der schottische Anthropologe Victor Turner hat diese Abfolge dreier Phasen als den Kern vieler Übergangsrituale beschrieben. Solche Rituale helfen Menschen zum Beispiel dabei, ihrem Leben eine neue Wendung zu geben und ihre Spiritualität zu vertiefen. Oder sie helfen Jungen, zum Mann zu werden.

Lange Wanderungen entsprechen genau diesem Ritualschema: Wer sich aufmacht, begibt sich in eine klassische Schwellenphase. Allerdings muss diese nicht religiös definiert sein. »Wege des Glaubens treten zurück hinter den Wegen der Erkenntnis (...), Wege der Wahrheit werden zu Wegen des Sinns«, schreibt David le Breton: »Der Gehende ist heutzutage ein Pilger seiner persönlichen Spiritualität, seine Wanderung verhilft ihm zu Besinnung, Demut und Geduld.«

Pilgern: Das Neue beginnt im Alltag

Mir widerstrebt es, kurze Wege gegen lange auszuspielen, und umgekehrt. Wenn ich es schaffe, einmal die Woche zwei Stunden zu gehen, dies aber bewusst und in aufmerksamem Dialog mit der Umgebung – dann hat das eine Wirkung auf mich. Wenn ich mehr Zeit habe, gehe ich weiter. Und wenn ich viele Tages- und einige Mehrtageswanderungen gemacht habe, dann reizt mich vielleicht einer der großen Pilgerwege wie der Camino, der Jakobsweg in Nordspanien.

Draußen gehen
ist eine wunderbare,

lange erprobte,
einfache Form,

zu sich selbst zu finden.

Wunderbar, wie viele Pilgerrouten in den vergangenen Jahrzehnten neu erschlossen und markiert worden sind. Überall in Europa sehe ich jetzt die Pilgermuschel als Wegzeichen. Es ist, als wollte unser alter Kontinent zeigen, welches kulturelle Kapital die Pilgerbewegungen über Jahrhunderte angesammelt haben.

Eher riskant finde ich es, wenn Menschen ohne Wander-Erfahrung untrainiert zu einer mehrwöchigen Pilgerwanderung starten, schlimmstenfalls mit nagelneuen Schuhen und viel zu schwerem Gepäck. Ein bisschen »Pilgern im Alltag« tut uns gut, bevor wir uns auf die so genannte »Wanderung unseres Lebens« machen.

Pilgern? Wenn, dann richtig

Mit dem Anstoß, es mit »Pilgern im Alltag« zu versuchen, begebe ich mich auf ein schwieriges Terrain. Die Frage ist: Geht das überhaupt – ein bisschen pilgern? Der Theologe Detlef Lienau macht deutlich, dass, wer wirklich pilgern möchte, für längere Zeit und weite Wege gehen sollte.

Echte Pilger wählen Wege, auf denen seit Jahrhunderten oder Jahrtausenden Suchende wandern. Sie reihen sich damit ein in einen Traditionsstrom, der für viele spürbar wird und manche regelrecht trägt. Zudem sind Pilgerwege wie der nach Santiago de Compostela bewusst nicht als schöne und leichte Wege angelegt. Im Gegenteil, sie bieten streckenweise wenig Abwechslung und Schatten, ganz zu schweigen von gefährlichen Passagen. Sie werfen also die Pilger auf sich selbst und ihre körperliche Existenz zurück. Auch gehen die meisten Pilger nicht allein, sondern in Gruppen – teils vorgeplant und sogar geführt, teils spontan. Es entsteht eine spezielle Art der Gemeinschaft, wie sie im Alltag nicht zu finden ist.

Und dann ist da noch die Sache mit Gott. Die meisten Pilger machen sich aus religiösen oder spirituellen Gründen auf den Weg. Und das intensivste Pilgererlebnis haben offenbar jene, die den Dialog mit der Landschaft überführen in einen Dialog mit Gott. So, in der Kombination dieser Besonderheiten, wird Pilgern eigentlich erst zum Pilgern. Man kann also theoretisch von den Pyrenäen bis nach Santiago de Compostela wandern, aber nicht pilgern. Es kommt auf die Haltung an.

Ein Sonntagsausflug auf einem »Premiumwanderweg« im Allgäu oder eine Aussichtswanderung auf Mallorca hat wenig gemein mit echtem Pilgern. Trotzdem kann auch eine kurze Wanderung uns Kopf und Herz freimachen. Sie kann mithelfen, dass wir Gehenden später im Alltag mehr bei uns selbst zu Hause sind. Sie soll es sogar. Draußen gehen ist eine wunderbare, lange erprobte, einfache Form, zu sich selbst zu finden. Mir erscheint es zu rigoros, nur langen Pilgertouren eine solche Veränderungswirkung zuzusprechen.

Wenn Sie sich für echtes Pilgern interessieren, suchen Sie im Netz nach Angeboten in Ihrer Region. Angeregt durch Pilgerberichte von Hape Kerkeling, Paolo Coelho und anderen neigen wir dazu, das Pilgern individualistisch umzudeuten. Wir vergessen dabei, wie wichtig Gemeinschaft und Religiosität für das Pilgererlebnis früherer Generationen waren. Warum nicht erst mal ein paar Tage mit einer Pilgergruppe in Deutschland unterwegs sein? In Süddeutschland gibt es traditionelle Pilgerwege, in Norddeutschland sind neue geschaffen worden (wie die Via Baltica bei Hamburg oder der Pilgerweg Loccum-Volkenroda bei Göttingen). Viele katholische Bistümer und evangelische Landeskirchen bieten Pilgern Orientierung und Unterstützung an.

Wege haben Formen: Hin und zurück, Rundweg und Lasso

Welche Form ein Weg hat, erkennt man mit einem raschen Blick auf die kleinen Karten in den Wanderführern oder im Internet. Meist ist der Wanderweg rot eingezeichnet, Sie sehen dann zum Beispiel eine gewundene Linie vom Ausgangspunkt zum Endpunkt – das wäre eine Streckenwanderung in eine Richtung. Wenn es auf der Linie Pfeilspitzen in beide

Richtungen gibt, handelt es sich um eine Hin-und-zurück-Wanderung. Oder Sie sehen einen kreisförmigen Rundweg. Kombiniert ergibt das übrigens ein Lasso, zum Beispiel so: Aufstieg bis zur Hütte, Rundweg über einen Gipfelgrat, Abstieg von der Hütte wieder auf dem gleichen Weg wie zuvor.

Intuitiv neige ich (wie laut Umfragen die meisten Wanderer) eher zum Rundweg, denn da sieht man ständig Neues. Der Wander-Autor Dirk Schümer plädiert jedoch für das Modell Hin- und Rückweg – mit guten Gründen: Ebenso wie bei einem Rundweg können wir das Auto stehen lassen und hinterher wieder dort ankommen. Zweitens ist die Orientierung leichter, weil wir auf dem Rückweg den Weg schon kennen. Das ist gerade im hinteren Teil einer Wanderung ein Vorteil, denn dann sind wir schon müde und möchten uns auf keinen Fall mehr verlaufen. Drittens sieht der Rückweg ganz anders aus als der Hinweg: Der Richtungswechsel bringt eine andere Perspektive, es wird also nicht langweilig.

Seit ich das so betrachte, gehe ich Rückwege viel lieber und achtsamer. Mein Ideal wäre, einen längeren Weg in Etappen zu gehen, also vielleicht fünf Tage durch eine Landschaft, deren Wandlungen und Übergänge ich beim Gehen erlebe. Und ein Jahr später den gleichen Weg noch einmal in der Gegenrichtung.

Wanderführer: Erfahrung geht vor Vertrauen

Über die Jahre bin ich misstrauisch geworden gegenüber den Einstufungen nach Schwierigkeitsgraden, wie sie in den Wanderführern und auf Internetportalen üblich sind. Diese Kategorien können zu üblen Überraschungen führen. Meist sind die Wege nach »leicht«, »mittel« und »schwierig« eingeteilt. Diese Grade interpretiert jeder Wander-Autor ein bisschen anders, und manchem fehlt die Empathie mit Anfängern oder mit Menschen, die leicht Höhenangst bekommen. Was für den Autor ein Spaziergang ist, das finde ich dann schon als ausgesetzt und einen Mitwanderer schwindelt es heftig.

Meine Erfahrung ist, dass viele erfahrene Bergsteiger sich nicht vorstellen können, welche Wegstellen anderen arge Probleme bereiten.

Besonders heikel wird das, wenn man auf den letzten Kilometern eines Rundwegs plötzlich auf steile Passagen oder fehlende Markierungen stößt; dann stellt sich die Frage, ob man den ganzen Weg zurücklaufen muss. Gerade schwierige Wege, bei denen ich oder Mitwanderer an Grenzen kommen könnten, sind mir deshalb als Hin- und Rückwege am liebsten. Da kann man einfach umkehren, ohne viel Zeit zu verlieren.

Mit Stöcken gehen?

Die meisten geübten Wanderer machen aus der Stockfrage keinen Grundsatzstreit mehr. Auf längeren Touren, vor allem im Gebirge, haben sie Teleskopstöcke dabei, einfach weil ihnen das Sicherheit gibt, Aufstiege erleichtert und die Gelenke schont, besonders die Knie beim Abstieg. Stöcke werden umso wichtiger, je mehr Gepäck man trägt. Manche Wanderer schätzen an Stöcken auch, dass diese das Gehtempo leicht, aber spürbar erhöhen.

Umgekehrt ist klar, dass ein gesunder jüngerer Wanderer mit wenig Gepäck Stöcke nicht braucht. Muskeln und Gelenke kommen auch ohne Unterstützung klar; der Körper ist dann noch mehr gefordert, mit jedem Schritt sein Gleichgewicht neu zu finden.

Für alle, die sich nicht in jedem Gelände zu Hause fühlen, sind Teleskopstöcke eine Art Versicherung. Die Stöcke verlagern bei steilen Aufstiegen einen Teil der Anstrengung auf die Arme, sie geben Halt bei ausgesetzten Wegpassagen und schwierigen, rutschigen Abstiegen – sowie etwas »Schub von hinten« auf den letzten Kilometern einer längeren Wanderung. Wichtig ist nur, dass die Stöcke leicht sind und dass der Rucksack Halteschlaufen für Wanderstöcke hat – wenn man sie nämlich gerade nicht braucht.

Allein oder zu zweit?

Warnhinweis: Ins Hochgebirge sollten Sie nicht allein gehen – außer Sie sind ein sehr erfahrener Bergwanderer und wählen eine Route, die für Sie eher zu leicht als zu schwierig ist. (Dabei spreche ich von Bergwanderungen, nicht von Klettertouren. Diese sollte man nie allein angehen.)

Für weniger riskante Alleintouren gilt: Nie ohne reichlich Wasser und mindestens eine Kleinigkeit zu essen, nie ohne Regenjacke, nie ohne Handy! Wenn man diese Vorkehrungen trifft, kann Alleingehen eine gute, eine besondere Erfahrung sein. Manche schwören darauf, denn sie kommen überhaupt erst dann mit der Landschaft in Kontakt, wenn sie allein unterwegs sind. Sobald Mitwanderer dabei sind, fühlen sie sich abgelenkt. Unwillkürlich machen sie sich Gedanken über den anderen: ob es ihm/ihr gut geht; ob er/sie sich wünschen würde, mal angesprochen zu werden; ob das Tempo ihm/ihr zu hoch ist. Der Sozialradar ist eingeschaltet, und das hemmt die Selbstwahrnehmung. Für Gehende, die diesen Radar nicht runterfahren können, ist Alleingehen einen Versuch wert.

Tatsächlich ist es etwas ganz Besonderes, komplett auf sich selbst gestellt zu sein. Bettina Salis, Journalistin und erfahrene Alleinwanderin, sagt es so: »Ich bin ganz auf mich selbst zurückgeworfen und kann nichts delegieren. Nicht mal die schlechte Laune.« Genau deshalb ist sie hinterher ganz erfüllt von dem starken Gefühl, selbst schwierige Wandertage allein überstanden zu haben.

Allerdings ist es nicht immer einfach, allein mit Krisen umzugehen. Sich zu verlaufen ist allein noch unangenehmer als zu zweit. Strapazen nimmt man allein deutlicher wahr als zu zweit – schon deswegen, weil einen keiner ablenkt. Gerade wer langes Gehen nicht gewohnt ist und eine schlechte Orientierung hat, sollte sich zweimal überlegen, ob er allein geht. Für Frauen stellt sich darüber hinaus die Frage, ob sie sich allein sicher fühlen.

Kein Wunder, dass 90 Prozent der Wanderer in Befragungen sagen, sie gingen lieber zu mehreren. Zudem stellt sich

Ich bin
ganz auf mich selbst
zurückgeworfen
und kann nichts
delegieren.

Nicht mal
die schlechte Laune.

Bettina Salis

unterwegs rasche Vertrautheit auch mit unbekannten Weggefährten ein, Gespräche finden oft wie von selbst eine schöne Mischung aus Beiläufigkeit und Tiefgang.

Andererseits: Das Gefühl von Freiheit stellt sich nur ein, wenn wir unseren eigenen Rhythmus finden und uns nicht über jeden kleinen Halt mit anderen abstimmen müssen. Thoreau beschreibt es so: »Ich bin mir sicher, dass ich, suchte ich mir einen Weggefährten, ein Stück meiner Nähe zur Natur einbüßen würde.« Der norwegische Abenteurer Erling Kagge erzählt die Geschichte eines Wanderführers, der an einem strahlenden Morgen zu einer Wanderung aufbricht, die voraussichtlich ganz wunderbare Eindrücke bringen wird. Der Führer gibt vorher jedem in der Gruppe ein Blatt, auf dem steht: »Ja, es ist ganz fantastisch.«

Ein Gefühl, eine Stimmung in Worte zu fassen, heißt manchmal, sie zu zerstören – bei sich selbst oder bei den Mitwandernden. Dann wäre Schweigen die bessere Wahl gewesen. Das Gespräch über große Erlebnisse »kann uns auch von ihnen entfernen«, schreibt Kagge: »Manchmal denke ich mir, dass es die einfachen Freuden sind, wie zum Beispiel das grüne Moos auf einem Stein zu betrachten, die am schwierigsten zu beschreiben sind.«

Das führt direkt auf eine wichtige Frage: Was ist mit Kindern als Begleiter? Wunderbar, nur ist das nicht immer die optimale Art, den meditativen Zustand zu erreichen, von dem in diesem Buch so oft die Rede ist. Kinder brauchen Aufmerksamkeit. Wenn es trotzdem Momente des Loslassens und des tiefen Durchatmens gibt, umso besser.

Auch mit Hunden zu gehen ist nicht das gleiche wie allein. In einsamen Gegenden scheint sich eine große Übereinstimmung zwischen Herr und Hund einzustellen, die das Landschaftserlebnis eher noch verstärkt. Wenn viele Hunde in der Nähe sind, lenkt das natürlich ab, mal abgesehen von häufig nötigen Haltepausen. Kontinuierliches Gehen im Dialog mit der Landschaft ist nach meiner Erfahrung eher nicht das gleiche wie »Gehen mit Hund«.

Wandern mit andern:
Wie man passende Partner findet

Manchmal bekomme ich beim Gehen Geschenke. Ein Geschenk ist es für mich, einen Wanderpartner gefunden zu haben, der in einem ähnlichen Tempo und Rhythmus geht wie ich – und mit dem ich gut schweigen kann. Solche Geschenke kann ich mir zwar nicht selbst machen, aber ich kann etwas dafür tun, dass ich sie bekomme. Ich lade einen oder mehrere Leute zu einer kleineren Tour ein (zwei bis vier Stunden). Hinterher weiß ich, ob und mit wem ich das wiederholen will. Spätestens vor der zweiten Wanderung spreche ich dann ein paar Dinge an, die mir wichtig sind, zum Beispiel: Wie schnell und wie kontinuierlich wollen wir gehen, wie oft und lange machen wir Pause, wollen wir Schweigephasen vereinbaren?

Bei manchen Wanderpartnern ist das überflüssig, da stellt sich der Einklang wie von selbst ein. Da synchronisieren sich sogar Pausen- und Redebedürfnisse, wir machen wortlos an der gleichen Stelle halt, wir schweigen und reden so, dass es für uns beide passt. Bei anderen Wanderpartnern gibt es anfangs eine Menge zu klären, weil einer von beiden genervt ist: vom Tempo, von der mangelnden Kondition des Gefährten und überhaupt.

Naturerlebnis online?

Smartphone abstellen? Das mag für jüngere Leserinnen und Leser eine absurde Idee sein – obwohl es ja auch einen Trend zum Abschalten gibt. Ich finde es widersinnig, beim Wandern das Handy eingeschaltet zu lassen und auf Anrufe zu reagieren oder gar Statusmeldungen zu checken, Selfies zu posten und dann wieder die Reaktionen zu beobachten. Solch virtueller Kontakt lenkt vom Hier und Jetzt ab, vom Dialog mit der Landschaft.

Wäre es sinnvoll, bei einem ernsthaften Gespräch über persönliche Dinge das Smartphone in Sichtweite abzulegen und zwischendurch zu checken, was da läuft? Geschieht natürlich dauernd, aber wird das dann ein gutes Gespräch? Ich finde, nein. Wo virtuelle Kommunikation eine reale Situation behindert, sollte sie zurückstehen. Zu anderen Zeiten ist sie wunderbar.

Smartphones: Gut für den Notfall

Ich habe eine diebische Freude daran, mein Smartphone beim Draußen gehen auf Flugbetrieb zu schalten. Wenn ich dringende private Anrufe erwarte, sorge ich dafür, dass nur diese mich erreichen. (Allerdings: Wer gerade in einer Beziehungskrise steckt, sollte unterwegs auch keine Anrufe und Nachrichten vom Partner empfangen.) Alles andere als Notfall-Kommunikation ist sinnlos, solange wir weitab vom Alltag in der Landschaft gehen. Um einen klaren Kopf zu kriegen, möchte ich mich ganz meiner analogen Umgebung stellen.

Etwas verwundert bin ich manchmal, wenn Wanderpartner bei einer mehrtägigen Wanderung jeden Abend ausführlich mit den Lieben daheim sprechen wollen und müssen. Ganz raus aus allem sind sie dann jedenfalls nicht. Schon gar nicht, wenn sie mehrfach ausführlich mit ihrem Büro telefonieren und dann Stunden brauchten, um wieder ganz im Hier und Jetzt anzukommen. Erwartungsgemäß kommt bald die nächste Message, und schon sind sie wieder in das Netz ihrer vertrauten Sorgen und Konflikte verstrickt. Derweil wäre um sie herum so viel zu sehen und erleben.

Breite Wege oder schmale Pfade?

Es gibt schöne, bequeme Wanderwege, auf denen auch Lastwagen fahren könnten. Wenn die Wege gut gebaut sind, bilden sich dort kaum Pfützen, man muss nicht nach unten sehen, schreitet sicher einher und verliert sich im Panorama. Wunderbar. Auf Dauer etwas langweilig.

Ich suche eher die schmalen Pfade. Wie sie sich dem Gelände anschmiegen, Wurzeln elegant umschlängeln, eine maßvolle Steigung bei maximaler Sicherheit suchen, das finde ich beeindruckend, manchmal geradezu berührend. Irgendjemand muss ja damit angefangen haben: Die wenigsten Fußpfade sind von Wanderweg-Designern entworfen worden. Vielmehr wollte einfach jemand von A nach B gelangen. Waren es Dorfbewohner, die zum nächsten Markt aufbrachen, waren es Händler, die mit ihren Maultieren sicher vorankommen wollten, war es ein Bergführer, ein Wandervereins-Mitglied im späten 19. Jahrhundert, als Städter die Landschaft für sich eroberten? Ein Förster, der den Holzeinschlag sicher zur Straße schaffen wollte? Soldaten? Irgendjemand hat jedenfalls einen sicheren Weg auf festem Grund gesucht, der möglichst wenig Mühe bereitet. Und dieser Pfad hat sich – vielleicht über Jahrhunderte hinweg – dem Boden eingeprägt. So oft ist er begangen und gepflegt worden, dass die Natur ihn nicht zurückholen konnte. Eine kollektive Leistung!

Robert Macfarlane erzählt von Pfaden im ländlichen England, an deren Beginn und Ende jeweils eine Sichel bereithing. Wer diesen Weg ging, hielt ihn frei, schnitt Pflanzen zurück und ließ die Sichel dann zurück für den nächsten Wanderer. Ein Dialog aller Gehenden mit der Landschaft. Ich denke manchmal: Alte Pfade sind ein Gespräch mit dem Gelände und seiner Geschichte. Dem kann man noch lauschen, wenn man sie aufmerksam geht.

Auf alten Wegen: Gehen wie ein Maultier

Ein spezieller Gehgenuss sind die alten Mulatterias, die Maultierpfade in Italien und vielen anderen Regionen des Mittelmeerraums. Oft sind sie verwildert und verfallen. Zuweilen aber – wie im piemontesischen Valle Maira – wurden sie neu hergerichtet und gepflegt.

Diese schmalen Wege erschließen das Gelände sanft und umsichtig, schaffen erstaunliche Bequemlichkeit, weil sie durch Natursteinmauern verbreitert und gesichert sind. Sie verlaufen oft als schattige Hohlwege und bieten trockene Übergänge über jeden Bach.

Dahinter stecken Jahrhunderte der Erfahrung im Wegebau. Es stimmt, was Dirk Schümer schreibt: »Man geht förmlich auf der Arbeit von Jahrtausenden, als würde man auf den Pyramiden herumklettern.« Ein Wanderurlaub auf solchen Pfaden bringt uns in Kontakt mit unserem gemeinsamen kulturellen Erbe – den Landschaften Europas, mitgestaltet und wegbar gemacht von unseren Vorfahren.

Abschied

Nun sind wir ein gutes Stück miteinander gegangen. Unsere Wege trennen sich hier. Wenn ich Ihnen ein paar Ideen und Impulse für Ihre nächsten Wege mitgeben konnte, hat es sich für uns beide gelohnt.

Am meisten aber würde es mich freuen, wenn dieses Buch einen kleinen Beitrag zu dem leisten könnte, was der Soziologe Hartmut Rosa so beschreibt: die Ahnung einer anderen Form der Resonanzbeziehung zwischen Mensch und Natur am Leben erhalten. Über Jahrzehntausende lebten Menschen mit und in der Natur. Heute leben wir, man kann es kaum anders nennen, gegen die Natur. Wir sind dabei, unsere natürlichen Lebensgrundlagen zu zerstören. Wir brauchen einen Neuansatz im Handeln. Vielleicht kann ein Neuansatz in der Art, wie wir über Natur denken und schreiben, den Weg dafür bereiten. Gehen in der Landschaft wäre dann ein erster, kleiner Schritt zur Veränderung.

Wenn es uns gelänge, uns wieder als Teil der Natur zu verstehen, einer Natur, die weder Feind noch Untertan ist, dann wäre viel erreicht. Ich glaube, wir brauchen sie als Quelle der Resonanz, wir brauchen das gegenseitige Zurückklingen zwischen uns und einer Landschaft. Solche Erfahrungen helfen uns, unsere Beziehung zur Welt als lebendig, erfüllend und stärkend zu erfahren.

Wenn wir das wollen, dann müssen wir akzeptieren, dass die Natur letztlich unverfügbar für uns ist. Angesichts der realen Kräfteverhältnisse fällt uns das schwer: Unsere Zivilisation ist scheinbar stärker als die Natur. Aber ohne sie ärmer. Wahrscheinlich sind wir sogar verbunden auf Leben und Tod.

In diesem Sinne wünsche ich Ihnen resonante – erfüllende, klingende – Begegnungen mit Landschaften und den Menschen, die darin leben. Möge das Gehen Ihnen gute Ideen bringen, Ihre Arbeit erleichtern und Sie immer wieder zu sich selbst führen. Starke, kreative Persönlichkeiten, die wissen, was sie tun, das sind die Partner, die unsere natürliche Umwelt jetzt braucht.

Quellen

Hier führe ich die wichtigsten Fundstellen und Bezüge auf. Sie sind den jeweiligen Zwischenüberschriften im Text zugeordnet. Zitate habe ich zum Teil orthografisch korrigiert und stilistisch leicht geglättet (leitend war der Geist des Zitats, nicht automatisch der Wortlaut der Quelle). – Die Bücher zweier Autoren waren eine stete Quelle von Inspiration und Wissen für mich: Ulrich Grober und Robert Macfarlane (die genauen Angaben finden Sie auf Seite 172 unter »Zum Weiterlesen«).

Erste Schritte
Kierkegaard: zitiert nach *Le Breton, David:* Lob des Gehens, Berlin 2015, S. 68

Teil 1

S. 18 Warum es sich lohnt, vor die Tür zu gehen *Gros, Frédéric:* A Philosophy of Walking, London 2011, S. 82; Montaigne: zit. nach Gros, S. 208; Resonanz: vgl. *Rosa, Hartmut:* Resonanz. Eine Soziologie der Weltbeziehung, Berlin 2016 und ders: Unverfügbarkeit, Wien 2019
S. 24 Was hat es auf sich mit dem Gehen *Rousseau:* zit. nach Le Breton, S. 67
S. 27 Wandern reloaded – der aktuelle Boom Umfragen und Outdoor-Boom: *Brämer, Rainer/ Gruber, Matthias/ Lange, Ingo:* Profilstudie Wandern 2003, Niederkassel 2004; *Brämer, Rainer:* Wandermotive im Zeitenwandel. Jüngere Studien zu unterschiedlichen Trends, Wandern als Natur- und Selbsterfahrung. Studien zum sanften Natursport 6/2014, veröffentlicht auf www.wanderforschung.de; *Brämer, Rainer:* »Die Ideen kommen beim Wandern wie von allein«, Interview mit Christopher Schwarz, Wirtschaftswoche online, 7.10.2018 (Fundstelle: https://www.wiwo.de/lifestyle/rainer-braemer-die-ideen-kommen-beim-wandern-wie-von-allein/23120222.html); *Matthias Horx:* »Flugauto hängt in alter Eiche«, Interview mit Dominik Friedrich, »Der Patriot«-Sonderausgabe zum 170-jährigen Jubiläum, Lippstadt 2018, S. 27
S. 32 Zurück zu unseren Wurzeln *Seume:* zit. n. *Schnierle-Lutz, Herbert* (Hg.): »Alles ginge besser, wenn man mehr ginge«, Stuttgart 2010, S. 9
S. 33 Kleine Typologie der Wege Stadtspaziergänge: *Wackwitz, Stephan:* Fifth Avenue. Spaziergänge durch das letzte Jahrhundert, Frankfurt/Main 2010; *Wagner, David:* Welche Farbe hat Berlin, Berlin 2011; Stadtlandschaften: Gros, S. 176; Weitwanderungen: *Deisen, Andrea:* Dem eigenen Rhythmus auf der Spur. Zur Psychologie des Wanderns, Marburg 2002, S. 9; Wanderbücher der vergangenen Jahre: *Moser, Aaron/ Moser, Achill:* Über die Alpen nach Italien, Hamburg 2011; *Gastmann, Dennis:* Gang nach Canossa. Ein Mann, ein Ziel, ein Abenteuer, Berlin 2012; *Wiebicke, Jürgen:* Zu Fuß durch ein nervöses Land. Auf der Suche nach dem, was uns zusammenhält, Köln 2016; *Klare, Jörn:* Nach Hause gehen. Eine Heimatsuche, Berlin o.J. (2016); *Sußebach, Henning:* Deutschland ab vom Wege: Eine Reise durch das Hinterland, Reinbek 2017; *Hauser, Uli:* Geht doch! Wie nur ein paar Schritte mehr unser Leben besser machen, München 2018

S. 53 Der Landschaft begegnen
Sheperd, Nan: The Living Mountain,
Edinburgh 2011; Rosa, Resonanz:
S. 13–36, 44–47 und 453–472
S. 55 Im Dialog mit der Landschaft
Zum gängigen Naturbegriff: *Pfaller,
Robert/ Kufeld, Klaus (Hg.):* Arka-
dien oder Dschungelcamp: Leben im
Einklang oder Kampf mit der Natur?,
Freiburg/München 2014; *Burckhardt,
Lucius:* Warum ist Landschaft schön?
Die Spaziergangswissenschaft, Berlin
2015; *Weisshaar, Bertram:* Denkweg.
Ein (um)weltlicher Pilgerweg quer
durch das Land von Aachen bis Zittau,
München 2016
S. 59 Wege und kreative Prozesse
Nietzsche: zit. n. Gros, S. 11; Macfarlane:
Karte der Wildnis, S. 56
S. 61: Zwischen Euphorie und Angst
Nietzsche: zit. n. dem Klappentext
von A. Hüser: Wo selbst die Wege
nachdenklich werden, Zürich 2008
(https://rotpunktverlag.ch/buecher/
wo-selbst-die-wege-nachdenklich-wer-
den)"
**S. 72 Aus Sicht des Hirns: Gehen hilft
beim Denken** *Kempermann, Gerd:*
Neurogenese: Kopfgeburten, Gehirn
und Geist 2/2006, S. 28–32; *Kempermann, Gerd:* Körperliche Aktivität
und Hirnfunktion, Der Internist 2012,
S. 1–6; *Kempermann, Gerd:* Training
für das Denken. Neue Nervenzellen für
alte Gehirne, GDNÄ 11, S. 209–217;
Kempermann, Gerd: »Gehen hilft uns
geistig auf die Sprünge«, Interview mit
Christopher Schwarz, Wirtschaftswoche
online 3.10.2018 (Fundstelle: https://
www.wiwo.de/lifestyle/bewegung-und-
hirnleistung-gehen-hilft-uns-geistig-auf-
die-spruenge/23120110.html); *Brämer,
Rainer:* Wandern neu entdeckt. Ein
Wanderführer für Wanderführer, veröffentlicht auf www.wanderforschung.de
12/1996 (als Auszug aus dem gleich-
namigen Buch, Schönstadt 1996),
S. 13–15; *Brämer, Rainer:* Auf Nummer
Sicher gehen. Archaische Verhaltens-
weisen beim Wandern, Wandern als

Natur- und Selbsterfahrung. Studien
zum sanften Natursport 5/2005, veröffentlicht auf www.wanderforschung.de
**S. 77 Wir lernen, der Landschaft neu
zu begegnen** Romantik: Ich beziehe
mich hier u. a. auf Eindrücke von der
Ausstellung »Wanderlust. Von Caspar
David Friedrich bis Auguste Renoir«, die
von Mai bis September 2018 in der Nati-
onalgalerie Berlin zu sehen war; *Welzer,
Harald:* Selbst denken. Eine Anleitung
zum Widerstand, Frankfurt/Main 2014;
Gros, S. 84

Teil 2

S. 81 Über dem Tiefland Elbe: *Hansjörg
Küster:* Die Elbe. Landschaft und
Geschichte, München 2007, S. 215
S. 84 Spüren *Espedal, Thomas:* Gehen.
Über die Kunst, ein wildes und poeti-
sches Leben zu führen, Berlin 2012,
S. 162f.; *Thoreau, Henry David:* Vom
Spazieren, Zürich 2001, S. 12; *Schümer,
Dirk:* Zu Fuß. Eine kurze Geschichte
des Wanderns, München 2010, S. 205
S. 87 Planen *Grober, Ulrich:* Vom Wan-
dern. Neue Wege zu einer alten Kunst,
Reinbek 2011, S. 127
S. 89 Draußen sein *Jullien, François:*
Von Landschaft leben oder das Un-
gedachte der Vernunft, Berlin 2016.
S. 9–43
S. 94 Aufbrechen *Sänger, Jarle,* 111
Gründe, wandern zu gehen, Berlin
2016, S. 75; *Schütte, Anno:* Wandern
ist (geistliches) Leben, in: Gruß aus
der Abtei Königsmünster 3-2017,
S. 5f.; Die Angabe zur Zahl der
Muskeln und Gelenke stammt von
König, Johann-Günther: Zu Fuß. Eine
Geschichte des Gehens. Leipzig 2013,
S. 19; *Nicholson, Geoff:* The Lost Art
of Walking, Chelmsford 2011, S. 17;
Autarkie: Grober, S. 378; *Müller-Stahl,
Martin:* Natürlich zu Fuß. Gesund
unterwegs im Alltag und beim Wan-
dern, Essen 2008, S. 30; Karten: *Kittlitz,
Alard von:* Die Welt à la carte, Die Zeit
26/2016 (16.6.2016), S. 55

S. 97 Den Rhythmus finden *Kahneman, Daniel:* Schnelles Denken, langsames Denken, München 2012, S. 55—67; *Andrack, Manuel:* Das neue Wandern. Unterwegs auf der Suche nach dem Glück, Berlin 2011, S. 84; Wiebicke, S. 45

S. 102 Gehen Macfarlane: Karte der Wildnis, S. 61; Grober, S. 167; Le Breton, S. 13; *Grün, Anselm:* Auf dem Wege. Zu einer Theologie des Wanderns, Münsterschwarzach 1983, S. 9; Grober, S. 378; Sänger, Jarle: S. 12

S. 108 Weitergehen Müller-Stahl, S. 166; Gros, S. 36; Sänger, S. 231—260

S. 114 Wieder gehen *Arno Schmidt:* zit. n. *Henschel, Gerhard/ Kromschröder, Gerhard:* Landvermessung. Durch die Lüneburger Heide von Arno Schmidt zu Walter Kempowski, Bremen 2016, S. 13; Schümer, S. 106

S. 125 Sich verirren Brämer, Wanderführer, S. 37f.; Wiebicke, S. 53f.; *Seume, Johann Gottfried:* Spaziergang nach Syrakus im Jahre 1802, Nördlingen 1985; Deisen, S. 131; Grober, S. 131; Le Breton, S. 21

S. 132 Ankommen *Basho:* vereinfachtes Zitat nach *Basho, Matsuo:* Auf schmalen Pfaden durchs Hinterland. Übertragen von G. S. Dombrady, Mainz 2001, S. 223

S. 135 Heimkehren Kosmische Zyklen: Grober, S. 304f.

Teil 3

S. 144 Schöne Landschaften Brämer, Rainer: Landschaftsästhetik elementar. Worauf Wanderer wieviel Wert legen, Wandern als Natur- und Selbsterfahrung. Studien zum sanften Natursport 10/20013, veröffentlicht auf www.wanderforschung.de; s. a. *Schmidt, Walter:* Warum Männer nicht nebeneinander pinkeln wollen: und andere Rätsel der räumlichen Psychologie, Reinbek 2013; *Brämer, Rainer:* Auf Nummer Sicher gehen, S. 2; Schümer, S. 56f.; Grober, S. 162

S. 148 Das Wetter: *Wohlleben, Peter:*

Gebrauchsanweisung für den Wald, München/Berlin 2017, S. 206—210

S. 151 Kurze oder lange Wege Vgl. Deisen; *Lienau, Detlef:* Sich fremd gehen. Warum Menschen pilgern, Ostfildern 2009; *Turner, Victor:* The Ritual Process, Structure and Anti-Structure, New York 1969; Le Breton, S. 162f.

S. 154 Pilgern? Wenn, dann richtig *Coelho, Paolo:* Auf dem Jakobsweg, Zürich 2001; *Kerkeling, Hape:* Ich bin dann mal weg. Meine Reise auf dem Jakobsweg, München 2006

S. 158 Wege haben Formen Schümer, S. 179—181

S. 160 Allein oder zu zweit *Bettina Salis,* Äußerung in einer E-Mail an den Autor vom 9.2.18; Brämer, Wanderführer, S. 16 und 20; *Schütte, Anno:* S. 5f. und Gespräch mit Schütte im Januar 2017 in Meschede; Le Breton, S. 40; Thoreau: zit. n. Le Breton, S. 41; *Kagge, Erling:* Stille, Frankfurt/Main 2017, S. 95f.

S. 165 Breite Wege oder schmale Pfade Vgl. *Widmer, Charles:* Weginstinkt. Alpine Beobachtungen. (Auszüge aus: Über die Romantik der Wegspur, den Weginstinkt und das Verirren, Jahrbuch des Schweizer Alpenclubs 1919, S. 149—168) Download von www.wanderforschung.de; Macfarlane, Alte Wege, S. 20

S. 166 Auf alten Wegen *Bauer, Ursula; Frischknecht, Jürg:* Antipasti und Alte Wege. Valle Maira – Wandern im anderen Piemont, Zürich 2011; Schümer, S. 100

Abschied Ich beziehe mich hier auf die schon erwähnten Seiten 13—36, 44—47 und 453—472 bei Hartmut Rosa, Resonanz, sowie auf vielfältige Gedanken in seinem Band »Unverfügbarkeit«. Den Gedanken des »Zurückklingens«, ebenso wie den Hinweis auf Rosas Buch, verdanke ich Pater Marian Reke.

171

Zum Weiterlesen

Andrack, Manuel: Das neue Wandern. Unterwegs auf der Suche nach dem Glück, Berlin 2011

Espedal, Tomas: Gehen: oder die Kunst, ein wildes und poetisches Leben zu führen, Berlin 2011

Grober, Ulrich: Vom Wandern. Neue Wege zu einer alten Kunst, Reinbek 2011

Kagge, Erling: Stille, Frankfurt/Main 2017, und Gehen. Weitergehen. Eine Anleitung, Berlin 2018

König, Johann-Günther: Zu Fuß. Eine Geschichte des Gehens, Leipzig 2013

Macfarlane, Robert: Karte der Wildnis, Berlin 2015, und: Alte Wege, Berlin 2016

Rosa, Hartmut: Resonanz. Eine Soziologie der Weltbeziehung, Berlin 2016, und: Unverfügbarkeit, Wien 2019

Schümer, Dirk: Zu Fuß. Eine kurze Geschichte des Wanderns, München 2010

Sowie www.gruener-journalismus.de (herausgegeben von *Torsten Schäfer*)

Dank

Ich danke allen, die mich auf dem verschlungenen Weg von ersten Ideen zum fertigen Buch begleitet haben. Zuallererst meiner Frau und liebsten Begleiterin auf allen Wegen, Angelika Warlier, ohne deren liebevolle Unterstützung, Ermutigung und kluges Mitdenken es bei Skizzen geblieben wäre. Dann meinen Eltern, Ingrid und Hubert Sauer, die mich in die Natur geführt und mir das ruhige, gleichmäßige Gehen gezeigt haben – und damit einen Weg zu mir selbst. Ich danke allen Mitwanderern und Freunden, die sich auf mein Gehbedürfnis und mein Tempo eingelassen haben, vor allem Wolfgang Buntrock, Sebastian Strecker, Klaus Kegebein, Elisabeth Brock, Johannes Stahl, Achim Scholtz, Kirsten Martensen und Jost Lübben. Pater Marian Reke und Bruder Anno Schütte für benediktinisches Zuhören und geistvolle Anregungen.

Ich danke Sebastian Pranz, Klaus Neuburg und Bessie Normand, dem Kölner Dreigestirn von Büro Zoo, für ihre Bereitschaft, sich ohne Rücksicht auf Zeit und Geld in ein schräges Projekt zu werfen und es mit ihren Ideen und ihrem faszinierenden Stilgefühl voranzubringen (vor allem für unsere inspirierende »Redaktionsbesprechung im Gehen«). Ebenso danke ich Franca Neuburg für ihre einfühlsamen Illustrationen, die diesem Buch eine zusätzliche Verstehensebene schenken.

Speziell danke ich Sebastian Pranz und Klaus Neuburg, den guten Geistern dieses Projekts, für ihren spontanen Glauben an unser Thema und ihre vielfältigen inhaltlich-konzeptionellen Anregungen. Bettina Salis für ein erstes, umsichtiges Lektorat mit klugen Differenzierungen. Mein Dank geht an Rainer Brämer, der sein reiches Wissen auf www.wanderforschung.de frei zugänglich macht. An Gerd Kempermann für rasche und hilfreiche Information.

Ich danke allen, die mitgeholfen haben, den richtigen Verlag für dieses Projekt zu finden, darunter Dorothee Köhler, Jörg-Achim Zoll, Dirk Brall, Gisbert Strotdrees, Reiner App und Liane von Droste. Ulla und Winfried Lachauer für Bestärkung in einem entscheidenden Moment.

Ich danke Karin und Bertram Schmidt-Friderichs und ihrem Team für eine Autorenbetreuung, wie sie im Buche steht. Glücklich, wer mit diesem Verlag zusammenarbeitet! Das Textfeedback der Verlegerin war ein Geschenk: einfühlsam und unerbittlich, charmant und brutal überzeugend. Ebenso die Umsicht, und inspirierende Sorgfalt des Verlegers in allen Fragen der Gestaltung.

Über den Autor

Dr. Christian Sauer, Jahrgang 1963, ist Publizist, Weiterbildungsdozent und Coach in Hamburg. Er ist gelernter Journalist (Volontariat »Tagesspiegel«, Berlin) und hat als Reporter und Redakteur für namhafte Medien gearbeitet, von der Nachrichtenagentur bis zur Fachzeitschrift. Von 1999 bis 2006 war er Mit-Gründer und Stellvertretender Chefredakteur des Magazins »chrismon«. Heute bildet er Teamleiter fort, coacht Chefredakteure und Geschäftsführer und berät Unternehmen zu Themen wie »Führen auf Augenhöhe«.

Wandern hat ihn seit seiner Kindheit im westfälischen Sauerland begleitet. Sobald er Zeit findet, ist er draußen unterwegs. Mit Einzelkunden und Gruppen arbeitet er in Natur-Coachings an Problemlösungen. Seit langem liegt es ihm am Herzen, die Methode Walk & Talk für Führungsgespräche, Teammeetings und Projektarbeit weiterzuentwickeln.

Von ihm sind u. a. erschienen: »Souverän schreiben. Klassetexte ohne Stress« (Frankfurt/Main: FAZ Buch 2007) und »Der Stellvertreter. Erfolgreich führen aus der zweiten Reihe« (München: Hanser 2016) sowie zahlreiche Fachpublikationen zu Medienthemen. Im Verlag Hermann Schmidt erschien 2021: »Regen Eine Liebeserklärung an das Wetter, wie es ist«.

Kontakt: info@christian-sauer.net

Regen
Eine Liebeserklärung an das Wetter wie es ist

Gestaltung: Klaus und Franca Neuburg
168 Seiten mit 21 farbigen Regenillustrationen von Franca Neuburg
durchgehend vierfarbig mit hochpigmentierten Farben gedruckt
Format 16,5 x 23,1 cm
Farbig bedrucktes Perlmutt-Flexcover mit eingelegtem Lesezeichen

29,80 Euro
ISBN: 978-3-87439-957-9

Impressum

© 2019 Verlag Hermann Schmidt und beim Autor
3. Auflage 2021

Konzeption und Gestaltung:
Klaus Neuburg
Illustration: Franca Neuburg
Satz: Magdalena Bernard, Ricarda Kopp, Edith Schwegler
Korrektorat: Sandra Mandl
Verwendete Schriften:
GT America von Grilli Types und Antwerp von A2-Types
Papier: 100 g/m² Munken Print white FSC
Gesamtherstellung:
Eberl & Koesel, Altusried

verlag hermann schmidt
Gonsenheimer Straße 56
55126 Mainz
Tel. 0 61 31 / 50 60 0
info@verlag-hermann-schmidt.de
facebook:
Verlag Hermann Schmidt
twitter/instagram: VerlagH-Schmidt

Stay tuned
Alle zwei bis vier Wochen versenden
wir Newsletter, in denen wir über aktuelle Neuerscheinungen, Aktionen und Veranstaltungen informieren.
Abonnieren auf:
www.verlag-hermann-schmidt.de

ISBN 978-3-87439-928-9
Printed in Germany with Love.

Wir übernehmen Verantwortung.
Nicht nur für Inhalt und Gestaltung, sondern auch für die Herstellung: Das Papier für dieses Buch stammt aus sozial, wirtschaftlich und ökologisch nachhaltig bewirtschaftetem Forst und entspricht deshalb den Standards der Kategorie »FSC«.

Die Druckerei Kösel ist FSC- und PEFC-zertifiziert. FSC (Forest Stewardship Council) und PEFC (Programme for the Endorsement of Forest Certification Schemes) sind Organisationen, die sich weltweit für eine umweltgerechte, sozialverträgliche und ökonomisch tragfähige Nutzung der Wälder einsetzen, Standards für nachhaltige Waldwirtschaft sichern und regelmäßig deren Einhaltung überprüfen. Durch die Zertifizierung ist sichergestellt, dass kein illegal geschlagenes Holz aus dem Regenwald verwendet wird, Wäldern nur so viel Holz entnommen wird, wie natürlich nachwächst, und hierbei klare ökologische und soziale Grundanforderungen eingehalten werden.

Bücher haben feste Preise!
In Deutschland hat der Gesetzgeber zum Schutz der kulturellen Vielfalt und eines flächendeckenden Buchhandelsangebotes ein Gesetz zur Buchpreisbindung erlassen. Damit haben Sie die Garantie, dass Sie dieses und andere Bücher überall zum selben Preis bekommen: Bei Ihrem engagierten Buchhändler vor Ort, im Internet, beim Verlag. Sie haben die Wahl. Und die Sicherheit. Und ein Buchhandelsangebot, um das uns viele Länder beneiden.